ESPACES

1

CAHIER D'EXERCICES

Guy CAPELLE
Noëlle GIDON

HACHETTE
58, rue Jean-Bleuzen
92170 VANVES

TABLE DES ILLUSTRATIONS

Crédits photographiques.

ISBN 2-01-015321-9
© Hachette, 1990.

AVANT-PROPOS

Le présent cahier d'exercices s'adresse aux apprenants qui utilisent le manuel ESPACES 1. Il est surtout destiné au travail personnel en dehors de la classe.

Ce cahier comprend douze chapitres correspondant aux douze dossiers du manuel. Chacun des chapitres est ensuite divisé en trois sections répondant respectivement à ''Informations-Préparation'', ''Paroles'' et ''Lectures-Écritures''. Il s'y ajoute quelques exercices ayant trait au feuilleton ''Mémoires d'ordinateur''.

Les apprenants auront ainsi à leur disposition plus de 250 exercices qui, s'ajoutant aux quelque 450 exercices du manuel, viendront renforcer leur capacité de manipulation et de réemploi des formes et provoquer leur réflexion sur le fonctionnement du français. Les points abordés (lexique, grammaire, prononciation, actes de parole) sont indiqués en marge. En revanche, certaines activités ouvertes et les activités de production de textes ne sont signalées que par leur titre.

À la fin de la deuxième section de plusieurs des dossiers est proposé un exercice communicatif oral qui doit être réalisé conjointement par deux partenaires, A et B. A trouve dans une fiche des informations dont B a besoin pour accomplir une tâche décrite dans une seconde fiche. B interroge A qui lui communique alors, de la façon la plus précise et la plus rapide possible, les éléments d'information dont il a besoin. Les fiches de A et de B sont inversées dans le cahier d'exercices.

Ce complément d'exercices constituera sans aucun doute un appoint précieux, et même indispensable, pour la majorité des apprenants. Il conviendra au professeur de choisir les exercices appropriés à la classe ou à certains de ses étudiants, d'en assurer la correction et de faire les mises au point rendues nécessaires par les erreurs commises.

SOMMAIRE

DOSSIER 1
QUI ÊTES-VOUS ?

Votre fiche, s'il vous plaît.

1 **QUI ÊTES-VOUS ?**

"JE"

masculin :
quel nom/âge/numéro

féminin :
quelle adresse/profession

votre
+ masc. ou fém.

Parlez de vous.

1. Quel est votre nom ? - Je m'appelle . . . .

2. Quelle est votre nationalité ? - Je suis . . . .

3. Quel est votre âge ? - J'ai . . . .

4. Quelle est votre profession ? - Je suis . . . .

. . . .

5. Vous êtes marié(e) ou célibataire ? . . . .

6. Quelle est votre adresse ?

- J'habite au . . . . (numéro), rue . . . .

à . . . . (ville).

2 **QUI SONT-ILS ?**

Parlez de lui et parlez d'elle.

"IL"

son + nom masc.
sa nom fém.

Olivier Bourgat

. . . .

. . . .

. . . .

. . . .

. . . .

Sandra Lévine

. . . .

. . . .

. . . .

. . . .

. . . .

3 CHASSEZ L'INTRUS.

argentin - italien - marié - espagnol

1. dentiste - secrétaire - célibataire - étudiant

2. suis - est - ai - sont

3. avenue - âge - rue - ville

4 AU SECRÉTARIAT. VOUS VOUS APPELEZ COMMENT ?

Écrivez les réponses sous les questions.

Oui, j'habite à l'hôtel.

Je suis étudiante.

Coralie Dumont.

Non, je suis belge.

Non, je suis célibataire.

vous : 1 personne
2 ou plus

1. Bonjour, vous vous appelez comment ?

....

2. Vous êtes française ?

....

oui ≠ non

3. Quelle est votre profession ?

....

4. Vous êtes mariée ?

....

étudiant (m) / étudiante (f)

5. Vous habitez à Paris ?

....

5 QUI SONT-ILS ?

Parlez d'autres personnes.
Complétez les phrases puis la grille avec les formes du verbe être.

Accords :
sujet / verbe
sujet / adjectif

Verbe être
Je suis
Tu es
Il/Elle est
Nous sommes
Vous êtes
Ils/Elles sont
On est + adj. pl.

Elles ... *sont* .... tunisien*nes* .

1. Sonia .... français ..... (1 femme)

2. Nous, nous .... italien ..... (2 hommes)

3. On .... étudiant ..... (2 hommes)

4. Elles .... marié ..... (2 femmes)

5. Vous .... étudiant ..... (1 femme)

6. Vous .... étudiant ..... (2 femmes)

7. On .... célibataire ..... (1 h et 1 f)

8. Ils .... belge ..... (2 hommes)

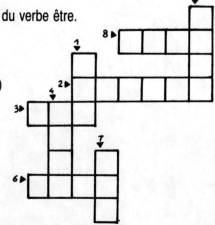

6 **METTEZ ENSEMBLE QUESTIONS ET RÉPONSES.**

1. Bonjour, ça va ?

2. Tu es italienne ?

3. Et vous, vous êtes aussi tunisiens ?

4. Comment vous vous appelez ?

5. Vous êtes mariés ?

6. Qui est italien ?

7. Et tu t'appelles comment ?

a. Mario.

b. Non, nous sommes amis.

c. Non, je suis tunisienne.

d. Non, nous sommes espagnols.

e. Moi.

f. Oui, ça va.

g. Moi, je m'appelle Maria, et lui Juan.

= ils
on est = nous sommes

7 **LA SECRÉTAIRE POSE DES QUESTIONS.**

1. - Bonjour, ... ?

   - Franz Krammer

2. - .... ?

   - Je suis allemand.

3. - .... ?

   - Non, je suis célibataire.

4. - .... ?

   - Étudiant.

2 personnes
ne se connaissent pas :
vous

8 **DIALOGUE ENTRE AMIS.**

Complétez.

1. - ....

   - Je m'appelle Gisela.

2. - ....

   - Non, je suis autrichienne.

3. - Et ton ami, ...

   - Lui, c'est Karl.

4. - ....

   - Oui, on est étudiants.

tu : entre amis

on = nous

9 **AH, CE N'EST PAS VOUS !**

Complétez la conversation.

1. - Vous êtes bien Carlos Ortega ?

   - Non, ce n'est pas ....

2. - Vous êtes espagnol ?

   - Non, ...

Négation :
ne + verbe + **pas**

c'est + art. + nom
        + pronom

3. - Et votre ami, c'est bien Luis Parra ?

- Non, ...

4. - Les étudiants en français, c'est bien vous ?

- ....

On est des touristes argentins !

10 CE N'EST PAS EUX !

Complétez avec des pronoms toniques.

C'est Jacques ? - Non, ce n'est pas lui.

Pronoms toniques :
moi   nous
toi   vous
lui / elle
eux / elles

ce sont + pluriel
langage courant :
c'est + pluriel

1. C'est Patricia ? ....

2. C'est Paul ? ....

3. C'est ton amie ? ....

4. Ce sont / c'est tes amies ? ....

5. C'est Claudine et Jacques ? ....

11 METTEZ ''SON'' OU ''SA'' DEVANT LE NOM.

devant voyelle
de nom féminin
sa → son :
son adresse

1. .... rue   2. .... ami   3. .... amie

4. .... numéro   5. .... carte

6. .... profession   7. .... nationalité

8. .... prénom   9. .... âge   10. .... adresse

C'est pour une inscription ?

1 QUELS MOTS DU DIALOGUE RESSEMBLENT À DES MOTS DE VOTRE LANGUE ?

Mots internationaux

hôtel (?), club (?), ...

....

....

2 METTEZ LES ARTICLES DÉFINIS (''LE, LA, L', LES'') DEVANT LES MOTS SUIVANTS.

masc. sg. : **le, l'**
fém. sg. : **la, l'**
masc. / fém. pl. : **les**

C'est ...le... numéro 15.

1. C'est dans .... avenue Foch.

2. .... ville de Paris.

3. Voilà .... Espagnol.

4. C'est .... prénom du professeur.

5. Écoutez .... conversation.

6. Voilà .... amies de Corinne.

7. C'est .... secrétaire du club.

 3 **METTEZ ENSEMBLE LES DEUX PARTIES DES PHRASES ET FAITES UN DIALOGUE.**

1. - Bonjour,	a. une personne ?
2. - Bonjour,	b. une chambre ?
3. - Vous avez	c. monsieur.
4. - Oui. Pour	d. c'est ça.
5. - Oui,	e. madame.
6. - Voilà	f. une fiche.
7. - Vous avez	g. voilà.
8. - Oui,	h. la chambre 17.
9. - Merci, vous avez	i. une pièce d'identité ?

 4 **RAYEZ LES LETTRES MUETTES.**

Lettres muettes

Elle s'appelle Duroc.

1. Elles sont françaises.

2. Vous êtes autrichienne ?

3. Elle habite dans la rue de France.

4. C'est une fiche de police.

5. Quelle est l'adresse de Corinne ?

 5 **UN AGENT DE POLICE DEMANDE L'IDENTITÉ DE PATRICE LANGLOIS.**

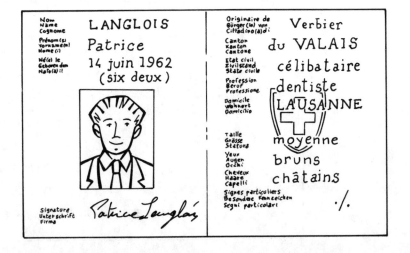

1. - ....
   - Patrice Langlois.

2. - ....
   - Suisse.

3. - ....
   - Dentiste.

4. - ....
   - Non, à Lausanne.

5. - ....
   - 28 ans.
   - Bon, ça va, mais faites attention la prochaine fois !

6 METTEZ LES ACCENTS SI NÉCESSAIRE.

Accents :
aigu : **é**
grave : **à, è, ù**
circonflexe : **ô**

a : verbe   **à** : préposition

1. Elle a une chambre dans un hotel a Paris.

2. Il a une piece d'identite.

3. Vous etes bien a l'hotel Beausejour ?

7 COMMUNIQUEZ.

Exercice à réaliser avec un(e) autre étudiant(e).

A. Demandez et donnez des renseignements.
Demandez les renseignements à votre partenaire pour remplir la fiche.

Nom :	Porte		Nom :	....
Prénom :	Anne		Prénom :	....
Âge :	24 ans		Âge :	....
Nationalité :	française		Nationalité :	....
Profession :	étudiante		Profession :	....
Adresse :	23, rue Valette		Adresse :	....
	75011 Paris			....

B. Demandez et donnez des renseignements.
Demandez les renseignements à votre partenaire pour remplir la fiche.

Nom :	Romain		Nom :	....
Prénom :	Matthieu		Prénom :	....
Âge :	25 ans		Âge :	....
Nationalité :	belge		Nationalité :	....
Profession :	dentiste		Profession :	....
Adresse :	24, rue de la Liberté Bruxelles		Adresse :	....

Communiquez par lettre.

1 COMPLÉTEZ CETTE LETTRE.

Ville

Adresse du destinataire

.... le 5 octobre 1989.

Touring Club de France
61, av. de la Grande Armée
75016 PARIS

Formule d'introduction

....

Voulez-vous m'envoyer des renseignements sur les activités de votre club à l'adresse suivante :

(votre adresse) ....

....

....

Formule de politesse   Avec mes ...., veuillez agréer, Monsieur, l'expression de .....

....

Signature   ....

2 ÉCRIVEZ LES NOMBRES GAGNANTS DU JEU DE LOTO.

Quatre-vingt-deux : 82

Les nombres de 1 à 100

1. Dix-huit : ....   5. Cinquante-neuf : ....

2. Vingt-six : ....   6. Soixante et un : ....

3. Trente et un : ....   7. Soixante et onze : ....

4. Quarante-sept : ....   8. Quatre-vingt-onze : ....

3 ÉCRIVEZ LES MOTS CORRESPONDANT À CES NOMBRES.

51 : Cinquante et un

1. 52 : ....   5. 91 : ....

2. 62 : ....   6. 81 : ....

3. 73 : ....   7. 46 : ....

4. 79 : ....   8. 100 : ....

Nom	Bureau	Tél. intérieur
Mme Barre	35	56.27
M. Barrois	19	37.43
M. Leclerc	27	45.31
Mlle Rigoud	12	67.32
M. Roux	46	72.15
Mme Simon	52	48.11

 DEMANDEZ LE NUMÉRO À L'OPÉRATRICE.

Jouez ce dialogue avec un(e) partenaire.

- Bonjour, mademoiselle.

- Bonjour, monsieur / madame.

- M. Leclerc, s'il vous plaît.

- Oui, quel bureau ?

- Bureau 27.

- Attendez. C'est le 54.31.

- Merci, mademoiselle.

5 **TÉLÉPHONEZ.**

Jouez ce dialogue. Changez les numéros.

- Allô, c'est vous M. Leclerc ?

- Non, ce n'est pas moi.

- Ce n'est pas le 45.31 ?

- Non, ici c'est le 54.31.

- Oh, excusez-moi.

DOSSIER 2
QUI SONT-ILS ?

Souvenirs de famille.

masculin :
son final de voyelle

féminin :
- e final

son final de consonne

▣1 QUEL EST LE GENRE DE CES NOMS ?

Cousin, parent, fille, professeur, orphelin, famille, mari, femme, secret, commerçante, chien, infirmier, cousine, enfant.

Écrivez l'article défini **le**, **la**, **l'** devant chaque nom.

masculin : *le cousin*   féminin : *la fille*

....
....
....
....
....
....
....

c'est ⎱
ce sont ⎰ + pronom nom

Accord du possessif et du nom
le mari **de...**
= **son** mari

▣2 VOILÀ LA FAMILLE LACAZE.

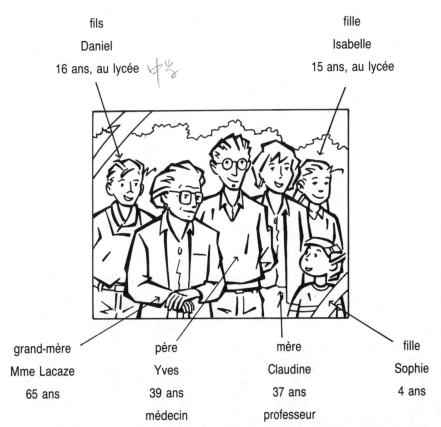

fils
Daniel
16 ans, au lycée

fille
Isabelle
15 ans, au lycée

grand-mère   père   mère   fille
Mme Lacaze   Yves   Claudine   Sophie
65 ans   39 ans   37 ans   4 ans
                médecin   professeur

Daniel est le fils des Lacaze.

C'est leur fils. Ils ont un fils.

la mère de....
= **sa** mère

les parents de....
= **ses** parents

la mère des enfants
= **leur** mère

les enfants des Lacaze
= **leurs** enfants

1. Isabelle est la sœur de Sophie.

....

2. Madame Lacaze est la grand-mère des trois enfants.

....

3. Monsieur Lacaze a deux filles.

....

4. Sophie et Isabelle sont les sœurs de Daniel.

....

5. Yves est mon ami.

....

6. Isabelle et David sont leurs amis.

....

▊ 3 ▐ IIS SE PRÉSENTENT.

Isabelle présente sa famille.

À gauche, c'est ....

Derrière ....

Situer des personnages
Prépositions de lieu

À côté de ma grand-mère ....

À côté de lui ....

....

Moi, ...

Madame Lacaze, la grand-mère, présente sa famille.

Voilà mon fils, ...

....

....

....

Moi, ...

▊ 4 ▐ PRÉSENTEZ VOTRE FAMILLE.

Verbe avoir

J'ai
Tu as
Il / Elle a
Nous avons
Vous avez
Ils / Elles ont

Vous avez des frères et des sœurs ?

Quel âge ont-ils ? Quelle est leur profession ?

....

....

....

....

5 QUELLE EST LEUR PROFESSION ?

Ils sont agriculteurs / Ce sont des agriculteurs.

être + profession

c'est un(e) + profession

....

....

....

....

....

....

6 METTEZ AU FÉMININ.

Genre des noms

- en → **enne**

+ **e**

- er → **ère**

1. Son fils est anglais. ....

2. Leur père est autrichien. ....

3. Leur oncle est hollandais. ....

4. Ton cousin est suédois. ....

5. Son mari est allemand. ....

6. Mon frère est infirmier. ....

7 OÙ EST-CE QU'ILS HABITENT ?

à + ville
en + nom de pays (f)
au + nom de pays (m)

Franz
Bonn
Allemagne

Claudia
Milan
Italie

Jo
Chicago
États-Unis

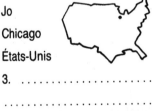

1. ....

2. ....

3. ....

Costa
Sao Paulo
Brésil

Vera
Lisbonne
Portugal

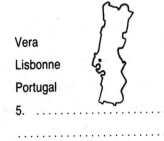

Juan
Madrid
Espagne

4. ....

5. ....

6. ....

8 QUELLE LANGUE EST-CE QU'ILS PARLENT ?

Farid habite en Égypte. Il parle arabe.

Présent des verbes
en - **er**

1. Dora et son frère habitent en Espagne.

....

2. Vous habitez au Maroc.

....

3. Elles habitent au Portugal.

....

4. Nous habitons en Tunisie.

....

5. Ils habitent aux États-Unis.

....

9 QUEL EST LE GENRE (MASCULIN OU FÉMININ) DES 6 PAYS CITÉS DANS L'EXERCICE 8 ?

masc. : - **c**
son de voyelle
(sauf - **ie**)
fém. : - **e**

L'Égypte (féminin)

1. ....

2. ....

3. ....

4. ....

5. ....

10 VOUS N'AVEZ PAS DE COUSIN EN AMÉRIQUE ?

ne pas avoir de...

Vos parents / cousin / le Canada
Vos parents n'ont pas de cousin au Canada ?

en + pays fém.
au + pays masc.

1. Vous / oncle / la Belgique.

....

2. Votre mère / tante / le Danemark.

....

3. Votre père / frère / la Grèce.

....

4. Vos amis / cousins / la Colombie.

....

5. Vos cousins / amies / la Pologne.

....

11 CHOISISSEZ UNE PROFESSION.

Classez ces noms de professions en 6 catégories selon la marque du féminin.

genre :
masc. ou fém.

① comptable	③ électricien(ne)	② employé(e) de bureau	ⓚ acteur(rice)
① journaliste	③ informaticien(ne)	② représentant(e)	ⓚ directeur(rice)
① dentiste	③ opticien(ne)	② commerçant(e)	ⓑ vendeur(euse)

V₃
marchand(e)

① secrétaire   ③ pharmacien(ne)   ⑥ ouvrier(ère) 工人   ⑤ chanteur(euse) 歌手

⑥ pâtissier(ère)   ⑤ danseur(euse)   ① infirmier(ère) 护士   ④ éditeur(rice) 出版

④ instituteur(rice) 小学教师   ① épicier(ère) 杂货店老阁

1. pas de marque
un (ou une) comptable

....
....
....

2. + e
un employé / une employée

....
....
....

3. - en → enne

....
....
....

4. - eur → rice

....
....
....

5. - eur → euse

....
....
....

6. - er → ère

....
....
....

12 PARLEZ DES AUTRES ÉTUDIANTS.

Kurt est dans mon cours de français. Il est .... Il parle ....
Il habite .... Ses parents .... Il a ....

Viens chez moi.

1 CHASSEZ L'INTRUS.

vélo - cyclotourisme - ~~bois~~ - roue

1. travailler - avoir une profession - faire du cyclotourisme - être employé(e)

2. comptable - débutant - ingénieur - commerçant

3. enchanté - très heureux - salut - merci

4. appartement - club - chambre d'hôtel - maison

(handwritten, left margin:)
faites
travaillez
habitez habite
avez , ai
venez , viens

2 COMPLÉTEZ AVEC DES MOTS DE LA BD.

B.D.

1. Qu'est-ce que vous . . . . ? - Je suis ingénieur.

2. Vous . . . . à Paris ? - Non, je n'ai pas encore de travail.

3. Vous . . . . où ? - J'. . . . . au 56, boulevard de l'Hôpital.

4. Vous . . . . une voiture ? - Oui, j'. . . . . une voiture.

5. Vous . . . . souvent au Club. - Oui, je . . . . souvent.

3 CHRISTIAN POSE DES QUESTIONS.

Répondez pour Thierry.

Tu fais quoi ? - Je suis comptable.

(handwritten, left margin:)
Je viens de Clermont-Ferrand
Non, J'habite à l'hôtel
J'habite
33, Rue Pasteur, Dans le 15ᵉ
J'aime le vélo
Je fais le vélo
Je suis champion du Monde '1998

1. Tu viens d'où ? . . . .

2. Tu as un appartement ? . . . . *Je n'ai pas d'appartement*

3. Tu habites où ? . . . .

4. Tu aimes quoi ? . . . . *J'aime la musique*

5. Tu fais quel sport ? . . . .

6. Tu es un champion ? . . . .

4 QUELLES SONT LEUR PROFESSION ET LEUR NATIONALITÉ ?

(left margin:)
il est ingénieur
c'est un ingénieur

Jacques Bongrain.
Il est écrivain. Il est français.
C'est un écrivain. C'est un Français.

Christian	Paul Gaillard	Thierry
. . . .	. . . .	. . . .
. . . .	. . . .	. . . .
. . . .	. . . .	. . . .
. . . .	. . . .	. . . .
. . . .	. . . .	. . . .

5 ILS VIENNENT DE QUEL PAYS ?

Verbe **venir**
Je / tu viens
Il / Elle vient
Nous venons
Vous venez
Ils / Elles viennent

Tu viens de New York ....

1. Elles ....

2. Vous ....

3. Il ....

4. Nous ....

5. Ils ....

6 ILS SE TUTOIENT OU ILS SE VOUVOIENT ?

Christian et Thierry se tutoient.

....

....

....

....

7 QU'EST-CE QU'ILS SE DISENT ?

Imaginez un dialogue pour chacune des quatre situations de l'exercice 6.

8 MARQUEZ LES LIAISONS ET LES ENCHAÎNEMENTS DANS LES PHRASES SUIVANTES.

1. Vous êtes ingénieur à Nice.

2. Ils habitent à Nice avec leurs amis.

3. Elles ont une adresse en Italie.

Présentez votre vedette préférée.

1 Lisez ces deux textes.

À 55 ans, Jean-Paul Belmondo est une vedette très populaire au cinéma et au théâtre. Il aime beaucoup le sport. Son ambition est de rester une grande vedette. Les jeunes aiment beaucoup ses films d'action.

Bernard Tapie est la star des affaires en France. À 45 ans, il possède de nombreuses entreprises. Il a aussi un club de football et il fait de la politique à Marseille. C'est un modèle pour beaucoup de jeunes Français.

1. Quels mots ressemblent à des mots de votre langue ? Soulignez-les.

2. Quels mots est-ce que vous connaissez ? Entourez-les.

2 Présentez par écrit un sportif ou une sportive de votre pays.

. . . .

MÉMOIRES D'ORDINATEUR

1 *Qui est Éric Legrand ? Éric Legrand est un ingénieur informaticien.*

1. Comment est Éric Legrand ?

. . . .

2. Où est-ce qu'il habite ?

. . . .

3. Quelle est sa spécialité ?

. . . .

4. Qui attend Éric Legrand ?

. . . .

5. À qui est-ce que Gérard Pascal présente Éric ?

. . . .

2 Groupez des mots du texte autour du mot ''informatique''.

. . . .

Un bureau fou, fou fou...

c'est un(e) ...
ce sont des ...

1 **QUELS SONT CES MEUBLES ?**

. . . .

. . . .

2 **MASCULIN OU FÉMININ ?**

Utilisez **un** (masculin) ou **une** (féminin) devant chacun des mots suivants :
ordinateur - étagère - chaise - bureau - mur - affiche - lampe - dossier - pièce - fenêtre

Reconnaissance
du genre des noms

masculin	féminin
. . . .	. . . .

Exceptions :
  un téléphone
  un livre
  un meuble

. . . .

. . . .

Comment se terminent les mots féminins ?

- à l'écrit : . . . .

- à l'oral : . . . .

Comment se terminent les mots masculins ?

- à l'écrit : . . . .

- à l'oral : . . . .

3 **QU'EST-CE QU'IL Y A DANS CETTE PIÈCE ?**

il y a ...

. . . .

. . . .

4 QU'EST-CE QU'IL Y A DANS LA PIÈCE ?

Il n'y a pas de table ? - Si, une.

1. Il n'y a pas de fauteuil ? ....

2. Il n'y a pas de chaise ? ....

3. Il n'y a pas de lampe ? ....

4. Il n'y a pas de pendule ? ....

Réponse **si**
à une question
à forme négative

5 COMPAREZ CES DEUX PIÈCES.

Il y a un téléphone dans la première pièce, mais il n'y a pas de lampe dans la deuxième.

....

....

....

6 OÙ PLACER LES MEUBLES ?

Regardez le dessin de la pièce et donnez vos instructions aux livreurs.

- *Mettez cette table au milieu de la pièce* ....

Prépositions + noms :
au milieu de .....
à gauche de .....

Adverbes :
ici - là
au milieu
à gauche
à côté

....

....

....

....

....

7 VOUS ENTREZ DANS VOTRE CHAMBRE.

Décrivez la pièce de gauche à droite.

....

....

....

Montez par l'escalier.

Adjectifs démonstratifs :
ce camion
cet immeuble
cet étage
cette erreur

1 MASCULIN OU FÉMININ.

Mettez **ce / cet** ou **cette** devant ces mots pour marquer le genre.

1. ...... porte - 2. ...... animal - 3. ...... chat - 4. ...... zoo - 5. ...... ascenseur - 6. ...... escalier -

7. ...... canapé - 8. ...... livreur - 9. ...... milieu - 10. ...... salon - 11. ...... lit - 12. ...... trottoir.

2 formes masc.
pour beau et nouveau
pluriel en - **x**

2 COMPLÉTEZ AVEC ''BEAU / BEL / BEAUX'' OU ''NOUVEAU / NOUVEL / NOUVEAUX''.

1. Où est ton .... ordinateur ?

2. Vous avez de .... meubles !

3. C'est un .... immeuble de six étages.

4. Il y a un .... ascenseur.

5. Il y a de .... animaux dans l'immeuble.

6. Vous avez un .... chat !

Genre des noms

3 QUEL EST LE GENRE DE CES MOTS ?

Mettez un article indéfini devant chaque mot.

1. . . . . . meuble   3. . . . . . erreur

2. . . . . . étage   4. . . . . . immeuble

4 QU'EST-CE QU'IL Y A DANS L'IMMEUBLE DE MADAME DUBOISSEC ?

. . . .

. . . .

. . . .

Actes de parole

5 METTEZ ENSEMBLE LA PHRASE ET SA FONCTION.

1. Demande d'information   a. Qu'est-ce que vous en pensez ?

2. Demande de confirmation   b. Ah non ! Pas d'animaux ici.

3. Accord   c. Mais, madame, on travaille, nous !

4. Justification   d. C'est bien au premier ?

5. Demande d'opinion   e. D'accord. Pas de problème.

6. Refus   f. C'est pour quoi ?

6 À QUI EST-CE ?

1. De donner des renseignements sur les locataires.

....

2. De livrer les meubles.

....

3. De prendre les inscriptions au club.

....

4. De placer les meubles dans son appartement.

....

5. De demander la carte d'identité des gens.

....

6. D'indiquer l'étage.

....

7 TROUVEZ :

Liens sons - lettres

1. 5 mots où le **s** ou le **x** se prononce **z**

....

2. 5 mots avec un son **o**

....

3. 5 mots avec **e** + consonne double

....

8 SUPPRIMEZ LES LETTRES MUETTES.

Lettres muettes

1. Ils mettent des rideaux dans la pièce.

2. Elles prennent l'ascenseur pour monter au deuxième étage.

3. Il habite dans une chambre d'hôtel.

9 QU'EST-CE QU'ILS FONT ?

Verbe **prendre**
Je / Tu prends
Il / Elle prend
Nous prenons
Vous prenez
Ils / Elles prennent

....

....

....

10 QUEL EST VOTRE PROJET ?

A. Vous êtes décorateur / décoratrice d'appartements.

Vous décorez le salon d'un(e) client(e).

Vous expliquez votre projet à votre client(e) au téléphone.

Voici votre projet :

B. Vous demandez à un décorateur / à une décoratrice de décorer votre salon.

Vous téléphonez. Vous posez des questions. Comment est son projet ? Où sont les meubles ?

Qu'est-ce qu'il y a d'original ?

Nos petites annonces.

1 COMPLÉTEZ LES PHRASES CI-DESSOUS ET REMPLISSEZ LA GRILLE.

1. Nous habitons dans une ....

2. Pour entrer ou pour sortir, il y a une ....

3. Au-dessus, il y a une ....

4. Il y a cinq .... dans l'immeuble.

5. Je travaille dans mon ....

6. A l'extérieur, devant les fenêtres, il y a une ....

7. On lit, on parle dans le ....

8. Il y a plusieurs appartements dans un ....

9. On dort dans la ....

10. Il y a un .... à côté de la maison.

11. Il y a trois .... dans le séjour.

2 ÉCRIVEZ L'ANNONCE.

1. Monsieur Dulac a un appartement à louer.

h3 Son appartement est au 4e étage avec ascenseur dans un immeuble moderne. Il a une grande ter- rasse de 25 m². Il possède un grand séjour de 35 m², une cuisine équipée. Il y a trois chambres avec deux grandes salles de bains très modernes avec bain et douche. Au sous-sol, il y a un parking pour deux voitures.

. . . .

. . . .

. . . .

2. Ils cherchent un appartement.

Les Barbieu ont deux grands enfants de 15 et 18 ans. Monsieur Barbieu est dentiste et madame Bar- bieu fait des relations publiques pour une maison d'édition. Ils cherchent un grand appartement a un étage élevé avec trois chambres et un bureau. Ils ont besoin d'une installation moderne dans un immeuble de standing avec ascenseur. Écrivez la lettre de monsieur Barbieu à une agence immobilière.

. . . .

. . . .

. . . .

3. Vous avez l'appartement ci-dessous à louer meublé. Vous mettez une annonce. Quelqu'un vous écrit et vous demande des renseignements. Vous répondez et vous décrivez l'appartement.

Appartement 3 pièces, entrée, séjour 30 m² - 2 chambres, salles de bain, 3e étage avec ascenseur, terrasse, parking, calme. À louer 5 000 F par mois.

. . . .

. . . .

. . . .

MÉMOIRES D'ORDINATEUR

1 Vrai ou faux ?

1. Les ingénieurs de la société TGM travaillent sur un projet de laboratoire.

2. Ils ont deux ans pour préparer leur projet.

3. Ils ont de sérieux problèmes depuis deux mois.

4. Leurs ordinateurs perdent les calculs.

5. Il n'y a pas de salle d'ordinateurs au cinquième étage.

6. Toute l'équipe travaille au cinquième.

2 Groupez des mots du texte autour du mot ''projet'' :

. . . .

. . . .

3 Quel résumé préférez-vous pour cet épisode ?

A. Éric travaille depuis un an sur un projet de sous-marin atomique. Depuis deux mois, il perd tous ses calculs. Il a trois hypothèses... Il monte au cinquième étage dans la salle des ordinateurs.

B. Deux mois de travail pour rien ! Il y a trois causes possibles. Éric commence son enquête par la salle des ordinateurs.

Est-ce qu'il y a une poste près d'ici ?

1 OÙ EST-CE ?

Montrez sur le plan.

c'est **ici** sur le plan.
c'est **près d'ici.**
c'est **loin.**
c'est **là-bas** à gauche.

Le parking. ? - Il est dans la rue du Parc, en face du parc.

1. La gare : . . . .

2. Le marché : . . . .

3. Le musée : . . . .

4. Le cinéma : . . . .

5. La banque : . . . .

6. La poste : . . . .

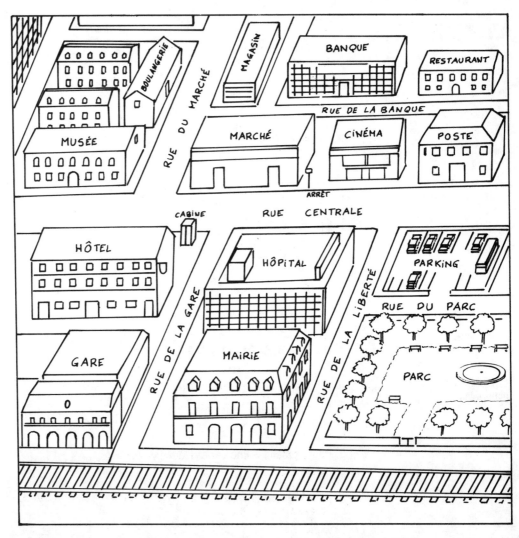

2 MASCULIN OU FÉMININ ?

Reconnaissance
du genre des noms

Classez les mots suivants en deux catégories :

parc - arrêt - poste - marché - banque - parking - mairie - gare - cabine - hôtel - cinéma - rue - hôpital
- magasin - boulangerie - restaurant

masculin : **un / le / ce** parc   féminin : **une / la / cette** poste

....

....

....

....

....

....

....

3 OÙ ALLEZ-VOUS ?

Verbe **aller** :
Je vais
Tu vas
Il / Elle va
Nous allons
Vous allez
Ils / Elles vont

Mes parents / mairie : Mes parents vont à la mairie.

1. Ma mère / marché.

....

2. Mes amis / gare.

....

3. Nous / café.

....

4. Vous / restaurant.

....

5. Moi / musée.

....

4 DITES OÙ ON VA.

Expression du but :
pour + infinitif

Pour téléphoner, on va dans une cabine téléphonique.

1. Pour mettre une lettre à la poste, ...

....

2. Pour demander une carte d'identité, ...

....

3. Pour prendre un bus, ...

....

4. Pour garer sa voiture, ...
....

5. Pour prendre un verre, ...
....

5 QU'EST-CE QU'ILS CHERCHENT ?

Écrivez les dialogues.

....
....
....
....

....
....
....

6 OÙ VONT-ILS ?

Indiquez le chemin avec l'impératif.

Impératif 2e personne :
pas de **-s** final
pour les verbes en **-er**

1. Tu prends la rue Centrale à droite, tu tournes à gauche dans la rue du Parc, tu traverses la rue de France. C'est à ta droite.

. . . .

. . . .

2. Prenez la rue du Parc à gauche et tournez à droite. Suivez la rue de France jusqu'à la gare. C'est à votre droite en face de la gare.

. . . .

. . . .

7 DEMANDEZ VOTRE CHEMIN.

Employez une forme nouvelle à chaque fois, et demandez un lieu nouveau à chaque fois.

Où est . . . . . ?
Comment on va . . . . . ?
Vous connaissez . . . . . ?
Le . . . . . s'il vous plaît, c'est
loin ?
Il y a . . . . . près d'ici ?
Je cherche . . . . .

1. . . . .

2. . . . .

3. . . . .

4. . . . .

5. . . . .

6. . . . .

8 INDIQUEZ LE CHEMIN.

1. Excusez-moi. Je cherche la gare.

. . . .

2. Le marché, s'il vous plaît, c'est par là ?

. . . .

3. Il y a un hôtel près d'ici ?

. . . .

4. Vous connaissez une banque près d'ici ?

. . . .

5. Comment est-ce qu'on va à la mairie ?

. . . .

9 QUEL EST LE GENRE DES MOTS SUIVANTS ?

Reconnaissance
du genre des noms

Mettez un article devant chaque mot.

1. . . . . . . pont   6. . . . . . . bus

2. . . . . . . conducteur   7. . . . . . . plan

3. . . . . . . boulevard   8. . . . . . . musée (!)

4. . . . . . . place   9. . . . . . . mairie

5. . . . . . . quai   10. . . . . . . coin

Trop tard !

1 **REMPLISSEZ LA GRILLE AVEC DES MOTS DU TEXTE.**

1. *Certaines personnes ne travaillent plus (grève).*

2. Moyen de transport : ....

3. On attend le métro sur un ....

4. L' .... donne des renseignements.

5. Les gens attendent. Ils font la ....

6. On écoute de la musique et des informations à la ....

7. On demande son .... à un agent.

			V			
		O				
		I				
		T				
		U				
		R				
		E				

2 **CHASSEZ L'INTRUS.**

1. quai - métro - bus - taxi

2. monter - aller - voiture - descendre

3. voiture - train - grève - vélo

4. loin - près - à côté - tard

Comment trouver l'intrus :
- sens ?
- catégorie grammaticale ?

3 **VOUS SAVEZ ÇA ?**

savoir

1. Vous savez pourquoi il n'y a pas de métro ?

....

2. Vous savez où va Émilie ?

....

3. Vous savez pourquoi les gens remercient l'automobiliste ?

....

4. Vous savez pourquoi Émilie demande son chemin ?

....

5. Vous savez où sont ses parents ?

....

4 COMMENT ON Y VA ?

(y = dans ces endroits)

en bus / taxi / train / voiture / bateau / avion

mais : **à** pied **à** vélo

1. Comment allez-vous à votre cours de français ?

....

2. Vous prenez un taxi pour rentrer chez vous ?

....

3. Comment est-ce qu'on va au Japon ?

....

4. Comment les gens vont-ils de Paris à Nice ?

....

5 TROUVEZ LES CONSÉQUENCES.

Causes :
parce que

...... *parce que tous les gens rentrent chez eux.*
Il y a beaucoup de monde parce que tous les gens rentrent chez eux.

1. .... parce qu'il y a une grève.

2. .... parce qu'Émilie est pressée.

3. .... parce qu'il y a trois places dans sa voiture.

4. .... parce qu'il ne connaît pas le chemin.

5. .... parce qu'il est trop tard.

6 RACONTEZ L'HISTOIRE.

....

....

....

....

....

7 COMPLÉTEZ LES FORMES DES VERBES.

Terminaisons du présent

Je prend . . . . souvent le métro. Je descend . . . . dans la station. Des gens f . . . . la queue pour prendre des tickets. Je met . . . . mon ticket dans l'appareil et je pass . . . . sur le quai. Des gens attend . . . . Le métro arriv . . . . Nous mont . . . .

8 DANS LE DIALOGUE, TROUVEZ DES MOTS AVEC VOYELLE NASALE.

. . . .

. . . .

Au Québec.

Formation des mots

1 TROUVEZ LE VERBE CORRESPONDANT.

Indiquez le genre du nom avec un article.

noms en
- **ion :** féminin
- **age :** masculin

La vue → *voir*

1. . . . . admiration → . . . .

2. . . . . montée → . . . .

3. . . . . découverte → . . . .

4. . . . . descente → . . . .

5. . . . . exposition → . . . .

6. . . . . passage → . . . .

7. . . . . habitation → . . . .

8. . . . . oubli → . . . .

2 FAITES L'ACCORD.

Placez l'adjectif avant ou après le nom.

ville / ancien : une ville ancienne

beau
joli
vieux   **avant le nom**
grand
petit
long

1. terrasse / grand : . . . .

2. vue / beau : . . . .

3. promenade / long : . . . .

4. rues / étroit : . . . .

5. maisons / petit : . . . .

6. place / joli : . . . .

7. quartiers / animé : . . . .

8. monuments / imposant : . . . .

3 QU'EST-CE QUE VOUS VOYEZ SUR CES DEUX PHOTOS ?

Décrivez.

1. . . . .

. . . .

. . . .

2. . . . .

. . . .

. . . .

Québec

Place royale

MÉMOIRES D'ORDINATEUR

Quel est le meilleur résumé de cet épisode ? Pourquoi ? Toutes les informations sont-elles importantes ? Est-ce que toutes les informations importantes sont dans le résumé ?

A. Éric Legrand communique avec Victor, le super-ordinateur. Sylvie apporte un billet pour Lyon à Éric. Éric arrive à Lyon. Il y a grève des taxis. Éric demande son chemin. Il prend le métro et arrive devant la société Sicos, spécialisée en moteurs de sous-marin.

B. Victor, le super-ordinateur, se présente à Éric. Éric entre des données : les informations sur l'affaire. Le lendemain, il prend le train pour Lyon. Les taxis de Lyon sont en grève. Éric va en métro à la société Sicos, spécialisée dans les moteurs de sous-marin.

DOSSIER 5 :
QUE VOULEZ-VOUS ?

Qu'est-ce qu'on peut faire ?

Il est interdit de . . . . . .
Il est défendu de . . . . . .

Interdiction de . . . . . .
Défense de . . . . . .
On ne peut pas . . . . . .
Il ne faut pas

 1 QUELLES SONT CES INTERDICTIONS ?

1. 	2. 	3. . . . .
4. 	5. 	6. . . . .

2 DITES-LE AUTREMENT.

Actes de parole

Trouvez deux autres façons d'interdire.

1. Ne marchez pas sur l'herbe. . . . .

. . . .

2. Ne faites pas de bruit. . . . .

. . . .

3. Sens interdit. . . . .

. . . .

4. Passage interdit. . . . .

. . . .

3 QU'EST-CE QU'ILS DISENT ?

. . . .

. . . .

. . . .

. . . .

4 **INTERDISEZ !**

On peut fumer ? - Non, ne fumez pas.

1. On peut stationner ?

....

2. On peut monter ?

....

3. On peut descendre ?

....

4. On peut faire du bruit ?

....

on : sujet indéfini
= **nous** / les gens

5 **DONNEZ LA PERMISSION.**

Nous pouvons rester ici ? - Oui, vous pouvez.

1. Mes amis peuvent venir ici ?

....

2. Nous pouvons prendre l'ascenseur ?

....

3. Je peux prendre ton vélo ?

....

4. Elles peuvent fumer ici ?

....

5. On peut entrer dans la maison ?

....

Verbe **pouvoir :**
Je peux
Tu peux
Il / Elle / On peut
Nous pouvons
Vous pouvez
Ils / Elles peuvent

6 **QU'EST-CE QU'ILS VEULENT FAIRE ?**

1. ....   2. ....

Verbe **vouloir :**
Je veux
Tu veux
Il / Elle / On veut
Nous voulons
Vous voulez
Ils / Elles veulent

3. ....

....

7   EXPRIMEZ UN DÉSIR ET DONNEZ LA PERMISSION.

Nous / sortir : Nous voulons sortir. - Oui, vous pouvez.

1. Elles / aller en ville

....

2. Moi / stationner ici

....

3. Nous / aller au café

Ils

4. Eux / aller au cinéma

....

5. Moi / faire du vélo

....

8   DONNEZ VOTRE ACCORD.

Pronoms compléments OD :
le, la, l', les
avant le verbe

Mettez ces meubles là. - D'accord, je les mets là.

1. Attendons nos amis...

2. Regardez ces dossiers...

3. Montrez vos papiers...

4. Lisez cette lettre...

5. Prenons ce taxi...

6. Demandons notre chemin...

9   DITES QUE ''SI''.

Pronoms compléments
avec l'infinitif

Tu vois, on ne peut pas garer sa voiture ici. - Mais si, on peut la garer.

1. Vous voyez, on ne peut pas écouter la radio.

....

2. Dites, on ne peut pas visiter ce musée ?

....

3. Tu vois, on ne peut pas prendre le bus.

. . . .

4. Regarde, on ne peut pas doubler les voitures.

. . . .

5. Dis, on ne peut pas prendre cette rue ?

. . . .

10 **CLASSEZ CES NOMS SELON LEUR GENRE.**

Reconnaissance
du genre des noms

dépense - bruit - interdiction - sens - heure - herbe - conducteur - tour - toilettes - passage - papier

masculin   féminin

1. . . . .

2. . . . .

3. . . . .

4. . . . .

5. . . . .

6. . . . .

11 **TROUVEZ DES MOTS DE SENS CONTRAIRE.**

bruit ≠ silence

1. interdiction ≠ . . . .

2. descendre ≠ . . . .

3. aller ≠ . . . .

4. circuler ≠ . . . .

5. entrer ≠ . . . .

Elle peut avoir l'air sérieux !

1 **TROUVEZ 7 NOMS DE VÊTEMENTS OU ACCESSOIRES.**

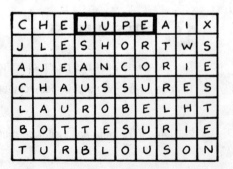

2 | QU'EST-CE QU'ILS PORTENT ?

Trouvez le genre des vêtements. Écrivez-les avec un article ou un adjectif possessif.

. . . .

. . . .

. . . .

3 | DÉCRIVEZ CE QU'ILS PORTENT.

Dites où ils peuvent et où ils ne peuvent pas aller.

1. concert de rock : . . . .

2. opéra : . . . .

3. travailler dans un bureau : . . . .

4. sortir avec des copains : . . . .

5. aller dans une soirée chic : . . . .

4 | QU'EST-CE QU'IL FAUT FAIRE / NE PAS FAIRE POUR TROUVER DU TRAVAIL ?

Trouvez cinq exemples dans l'épisode 5 de la BD.

1. . . . .

2. . . . .

3. . . . .

4. . . . .

5. . . . .

5 | CES GENS, VOUS LES CONNAISSEZ ?

Pronoms compléments

Complétez avec les verbes entre parenthèses.

1. Ce livre, ... (lire).

2. Cette robe, ... (porter).

3. Ces chaussures, ... (mettre).

4. Ton amie, ... (attendre).

5. Cet appartement, ... (louer).

6 **TROUVEZ DANS LE DIALOGUE :**

Reconnaissance
des actes de parole

1. une demande d'information :

....

2. l'expression d'un désir :

....

3. un conseil :

....

4. l'expression d'une obligation :

....

5. une présentation :

....

7 **COMPLÉTEZ AVEC DES PRONOMS D'OBJET INDIRECT (OI)**

Vous cherchez du travail.

Pronoms OI :
sg : **me, te, lui**
pl : **nous, vous, leur**

1. On .... indique l'ANPE.

2. Vous .... téléphonez.

3. On .... donne un rendez-vous.

4. Vous parlez à un employé de l'agence. Vous .... expliquez votre situation.

5. Il .... cherche des adresses.

6. Vous .... demandez des renseignements sur ces sociétés.

7. Vous .... téléphonez.

8. Un directeur .... prend comme employé(e).

9. Il .... présente à vos collègues.

10. Vous .... demandez de vous expliquer votre travail.

8 **CONFIRMEZ.**

J'apporte ces dossiers à madame Petit ? - Oui, apportez-lui ces dossiers.

Pronoms d'objet indirect

1. Nous prenons ce rendez-vous pour M. L'Hôte ?

....

2. Nous cherchons du travail pour ces jeunes ?

....

3. Nous demandons des adresses à Mme Petit ?

....

4. Je peux parler à M. L'Hôte ?

....

5. Il faut donner des conseils à Émilie ?

....

6. Je peux vous téléphoner ?

.... *Téléphonez-moi.* ....

9 LA CONSONNE FINALE EST-ELLE PRONONCÉE DANS LES MOTS SUIVANTS ?

Prononciation
des consonnes finales

peut - peur - veux - sac - premier - tour - bus - leur - neuf - hôtel - conseil - gens - sens - noir

La consonne est prononcée : ....

....

....

La consonne n'est pas prononcée : ....

....

....

Mode d'emploi.

1 FORMEZ DES NOMS À PARTIR DES VERBES SUIVANTS.

Classez-les en noms masculins (m) et en noms féminins (f).

Formation des mots
- **age/- ment** (m)
- **ion** (f)

1. allumer : ....

2. introduire : ....

3. visionner : ....

4. présenter : ....

5. passer : ....

6. stationner : ....

7. enregistrer : ....

8. exprimer : ....

2 TROUVEZ LES VERBES CORRESPONDANT AUX NOMS SUIVANTS.

Formation des mots
nom → verbe

1. arrêt : ....

2. raccord : ....

3. marche : ....

4. examen : ....

5. demande : ....

6. conseil : ....

7. montée : ....

8. descente : ....

3 COMMENT ÇA MARCHE ?

A. Vous expliquez à quelqu'un le fonctionnement de votre disque compact. Voici la liste des opérations :

1. Raccorder CD à ampli

2. Raccorder ampli à hauts-parleurs

3. Brancher ampli et CD

4. Appuyer sur ouverture porte-disque

5. Choisir un disque - le mettre

6. Appuyer sur fermeture

7. Appuyer sur écoute

8. Régler le volume

B. Un(e) ami(e) vous prête un disque compact. Vous lui posez des questions. Il / elle vous explique le fonctionnement de l'appareil.

MÉMOIRES D'ORDINATEUR

1 Groupez des termes du feuilleton autour du mot "ordinateur".

....

....

....

2 Quels sont les éléments nouveaux de l'enquête ?

1. Pourquoi est-ce que l'équipe de Lyon veut changer de logiciel ?

....

2. Quel est le problème du logiciel X2-340 ?

....

3. Quelle justification donne Éric ?

....

4. Quelle est la première conclusion d'Éric ?

....

5. Qui est-ce qu'on soupçonne ?

....

6. Est-ce que l'enquête va durer longtemps ?

....

DOSSIER 6
QU'EST-CE QU'ILS FONT ?

Qu'est-ce qu'ils font ?

1 QU'EST-CE QU'ILS FONT ? QUELLE HEURE EST-IL ?

il est + heure

1 *Il est trois heures du matin. Elle dorm* — *dort*

2 *Il est sept heures et demie. Ils prennent le petit déjeuner leur*

3 *Il est huit heures et quart. Il va travailler (il va au travail)*

4 *Il est onze heures moins le quart. Elle fare ses courses. fare ses canses*

2 PARLEZ DE VOTRE VILLE.

En ce moment, ...

1. Quelle heure est-il dans votre ville ? ....

....

2. Est-ce qu'il fait jour ou nuit ? ....

....

3. Est-ce qu'il fait froid ou chaud ? ....

....

4. Est-ce qu'il y a des voitures dans les rues ou est-ce que la ville est calme ? ....

....

3 QU'EST-CE QUE VOUS FAITES TOUS LES JOURS ?

Habitudes :
présent de l'indicatif

1. À 3 heures du matin : .... *Je dors*

2. À 8 heures du matin : .... *Je prends le petit déjeuner*

3. À 11 heures du matin : ....

4. À 1 heure de l'après-midi : ....

43

5. À 5 heures de l'après-midi : ....

6. À 8 heures du soir : ....

7. À 10 heures du soir : ....

être en train de + infinitif

8. Qu'est-ce que vous êtes en train de faire ? : ....

---

4 COMPLÉTEZ CE TEXTE.

Présent de l'indicatif
terminaisons :

je : **e** ou **s**
tu : toujours **s**
il : **e** ou **t** ou **d**
nous : **ons**
vous : **ez**
ils : **ent**

sauf être, avoir, aller, pouvoir
vouloir, faire.

1. Les Dommergue .... une vie régulière.

2. Ils se .... tous les matins à sept heures.

3. Ils .... au bureau à huit heures.

4. Je les .... souvent déjeuner ensemble.

5. Ils .... chez eux vers six heures.

6. Ils .... à huit heures.

7. Ils .... un ou deux soirs par semaine.

8. Ils .... leurs amis le samedi.

9. Nous les .... une fois par mois.

10. Vous les .... ?

---

5 VOUS ÊTES À NEW YORK.

Actions en cours :
présent

Quand il est 6 heures à New York, il est midi à Paris.
Que fait votre ami(e) à Paris quand ....

1. .... vous déjeunez à New York à midi et demi ?
   ....

2. .... vous revenez au bureau, à 2 heures ?
   ....

3. .... vous quittez votre bureau, à 5 heures ?
   ....

4. .... vous dînez, à 7 heures ?
   ....

5. .... vous vous couchez, à 11 heures ?
   ....

---

6 IMAGINEZ LA VIE DE CES GENS.

1. Simon Laforêt, étudiant, célibataire.

....

....

....

....

2. Madame Tallot, employée dans une agence de voyages, mariée, deux enfants.

. . . .

. . . .

. . . .

7 **TROUVEZ LES QUESTIONS.**

Verbe **faire :**
Je fais
Tu fais
Il / Elle fait
Nous faisons
Vous faites
Ils / Elles font

1. . . . . ? - Nous déjeunons.

2. . . . . ? - Il fait son service militaire.

3. . . . . ? - Je vais au bureau, et toi ?

4. . . . . ? - Elle fait des courses.

5. . . . . ? - Il suit un cours de français.

6. . . . . ? - Elles dorment.

8 **NON, PAS ENCORE !**

Il fait jour à 5 heures du matin ? - Non, il ne fait pas encore jour.

1. Il fait nuit à 4 heures du soir ?

Négation
déjà ≠ pas encore

. . . .

2. Vos enfants dorment déjà ?

. . . .

3. Ils déjeunent ?

. . . .

4. Il fait chaud à 9 heures du matin ?

. . . .

5. Il est 4 h 30. Ils sortent du bureau ?

. . . .

9 **ÉCRIVEZ L'HEURE.**

Précisez le moment de la journée : matin, après-midi, ou soir.

1. *Il est onze heures moins le quart du matin*

2. *Il est quatre heures et demie du matin*

3. *Il est onze heures vingt-cinq du soir*

4. *Il est trois heures douze de l'après-midi*

5. *Il est sept heures et demie du matin*

À QUELLE HEURE COMMENCE LE FILM ?

24 ACTION CHRISTINE 4, rue Christine, 10, rue des Grands-Augustins. 43.29.11.30. M° Odéon et St-Michel. Pl: 36 F. Lun, tarif unique: 26 F; Etud, - 20 ans: 25 F. Carte fidélité action: 6è entrée gratuite. **1 salle accessible aux handicapés.**

Une place au soleil v.o.
Séances: 14h, 16h30, 19h, 21h30. Film 25 mn après.
Gatsby le magnifique v.o. version intégrale.
Séances: 14h, 16h30, 19h, 21h30. Film 10 mn après.
Festival Alfred Hitchcock v.o: *Soupçons* Mer 14h, 16h, 18h, 20h, 22h. *Mr and Mrs Smith* Jeu 14h, 16h, 18h, 20h, 22h. *La Taverne de la Jamaïque* Ven 14h, 16h, 18h, 20h, 22h. *Les trente-neuf marches* Sam 14h, 15h40, 17h20, 19h, 20h40, 22h20. *Une femme disparaît* Dim 14h, 16h, 18h, 20h, 22h. *La Loi du silence* Lun 14h, 16h, 18h, 20h, 22h. *Le Faux coupable* Mar 14h, 16h, 18h, 20h, 22h.
Rétrospective Martin Scorsese v.o: *La Couleur de l'argent* Mer 14h, 16h30, 19h, 21h30; Film 25 mn après. *La Valse des pantins* Jeu 14h, 16h, 18h, 20h, 22h; Film 10 mn après. *La dernière tentation du Christ* Ven 14h30, 17h30, 20h30. *Alice n'est plus ici* Sam 14h, 16h, 18h, 20h, 22h; Film 10 mn après. *After Hours* Dim 14h, 16h, 18h, 20h, 22h; Film 20 mn après. *Taxi driver* Int - 16 ans. Lun 14h, 16h30, 19h, 21h30; Film 25 mn après. *Raging Bull* Mar 14h, 16h30, 19h, 21h30.

32 14 JUILLET ODEON 113, bd St-Germain. 43.25.59.83. M° Odéon. Perm de 11h30 à 0h30. Séance suppl à 24h. Pl: 39 F. Lun, tarif unique: 30 F (sf fêtes et veilles de fêtes); Séance de 12h: 30 F(sf Sam, Dim et fêtes); -18 ans: 30 F (du Dim 20h au Mar 19h); Etud, Chôme urs, milit: 30 F (les Mer, Jeu, Ven et Mar jusqu'à 18h30); CV: 30 F (les Mer, Jeu et Ven jusqu'à 18h30); FN: 30 F (du Mar au Ven). Gpes scol: 21 F (réserv: 43.25.19.71).

Les affranchis v.o. Int - 16 ans. Dolby stéréo.
Séances: 12h30, 15h, 17h30, 20h, 22h30; Sam séance suppl. à 0h50; Film 10 mn après.
Un week-end sur deux
Séances: 12h15, 14h15, 16h15, 18h15, 20h15, 22h15; Sam séance suppl. à 0h15; Film 15 mn après.
Aventure de Catherine C.
Séances: 12h25, 14h25, 16h25, 18h25, 20h25, 22h25; Sam séance suppl. à 0h25; Film 15 mn après.
Ils vont tous bien v.o.
Séances: 13h30, 15h45, 18h, 20h15, 22h30; Sam séance suppl. à 0h40; Film 10 mn après.
Docteur Petiot
Séances: 12h20, 14h20, 16h20, 18h20, 20h20, 22h20; Sam séance suppl. à 0h20; Film 15 mn après.

49 PUBLICIS CHAMPS-ELYSEES 129, avenue des Champs-Elysées. 47.20.76.23. M° Etoile. Perm de 14h à 24h. Pl: 43 F. Lun, tarif unique: 33 F (sf fêtes et veilles de fêtes); Etud, CV, FN: 33 F (du Dim 20h au Ven 18h); - 18 ans: 33 F (du Dim 20h au Mar 18h). C.E: 33F. Carte bleue acceptée. Réservation possible le jour même.

Bienvenue au paradis v.o. Grand écran. Dolby stéréo.
Séances: 13h30, 16h15, 19h05, 21h50; Sam séance suppl. à 0h30. (film). Film 20 mn après.
La gloire de mon père Dolby SR. (Pl: 32 et 42 F).
Séances: 13h40, 15h50, 17h55, 20h05, 22h15; Sam séance suppl. à 0h20. (film). Film 15 mn après.

commencer ≠ finir

1. À quelle heure commence la première séance de l'après-midi ?

....

2. Est-ce qu'il y a une séance le soir ? À quelle heure ?

....

3. Est-ce que tous les films commencent à la même heure ?

....

4. À quelle heure finissent les séances ?

....

5. Quel film voulez-vous voir ? À quelle séance voulez-vous aller ?

....

 Thierry change de look.

 GROUPEZ DES MOTS DU TEXTE AUTOUR DU VERBE "S'AMUSER".

noms : ....

verbes : ....

2 | TROUVEZ LES VERBES CORRESPONDANTS.

Formation des mots

⚠ mots terminés en - **ie** = (f)
une sortie
une plaisanterie

1. une sortie : . . . .

2. un achat : . . . .

3. une plaisanterie : . . . .

4. un envoi : . . . .

5. un amusement : . . . .

3 | ÇA FERME À QUELLE HEURE DANS VOTRE PAYS ?

Dans la conversation courante, **ça** est très employé.
Ça remplace des mots ou des groupes de mots.

La poste ferme à quelle heure le samedi ? - Ça ferme à midi.

1. La poste, ça ferme à quelle heure le soir ?

. . . .

2. Les banques, ça ouvre à quelle heure le matin ?

. . . .

3. Les bureaux, ça ferme à quelle heure ?

. . . .

4. Les musées, ça ouvre le dimanche ?

le mardi = tous les mardis

. . . .

5. Les matches de foot, ça commence à quelle heure ?

. . . .

4 | QU'EST-CE QU'ILS DISENT ?

Écrivez les dialogues.

1. Elle le trouve bien.

. . . .

. . . .

. . . .

2. Il a envie de partir.

. . . .

. . . .

5 | COMMENT EST-CE QU'ILS LE DISENT ?

Actes de paroles

Trouvez dans le texte de l'épisode 6 de la BD une façon :

1. d'exprimer son impatience (ou son irritation) :

....

2. d'exprimer sa satisfaction :

....

3. de refuser gentiment :

....

4. d'exprimer son désir de partir :

....

5. d'attirer l'attention de l'autre :

....

6 | QU'EST-CE QU'ILS FONT ?

Verbes pronominaux
*Je **m'**habille*

Pronoms réfléchis
me/te/se/nous/vous/leur
1 seul pronom
à la 3ᵉ personne : **se**

1. À quelle heure est-ce que vous vous levez ?

....

2. Comment s'habillent vos amis le soir ?

....

3. Où est-ce que vous vous promenez ?

....

4. Est-ce qu'on s'amuse dans les boîtes ?

....

5. Où est-ce que vos amis et vous, vous vous retrouvez ?

....

7 | SENS RÉFLÉCHI OU SENS RÉCIPROQUE ?

Verbes pronominaux

Il se regarde (sens réfléchi)

Ils se regardent (sens réciproque)

1. Vous vous téléphonez souvent ?

....

2. Vous vous voyez où ?

....

3. Tu t'achètes un jean ?

....

4. D'accord. On s'attend à 5 heures devant le cinéma.

....

5. Ils ne se parlent pas !

....

6. Est-ce que vous vous levez tous les jours à la même heure ?

....

8 UN EMPLOI DU TEMPS CHARGÉ !

A. Un de vos amis est à Paris pour quelques jours.

Il vous téléphone pour vous rencontrer. Vous avez un emploi du temps chargé. Vous essayez de trouver un moment pour le voir. Vous lui demandez quand il est libre.

Lundi		Mardi		Mercredi	
9 h	bureau	9 h	bureau	9 h	réunion
12 h	dentiste	12 h	libre	12 h	déjeuner clients
13 h 15	bureau	13 h 15	bureau	14 h 30	fin réunion
18 h 15	courses avec Françoise	18 h 15			
		18 h 30			
				19 h	libre
19 h 30	libre	19 h 30	coiffeur		
		20 h			
		20 h 30	dîner resto avec Guy		

B. Vous êtes à Paris pour trois jours. Vous téléphonez à un ami pour le rencontrer. Vous avez beaucoup de choses à faire et à voir en trois jours. Vous essayez de trouver un moment où vous êtes libre tous les deux.

Lundi		Mardi		Mercredi	
9 h 30	musée Picasso	10 h	La Villette	10 h	Pyramide + Louvre
12 h	libre			13 h 30	
14 h	Beaubourg	16 h	cinéma	14 h	musée Orsay
		18 h 30	libre	18 h	libre
19 h 30					
20 h	dîner Dutter			20 h 30	gare de Lyon Départ

Mannequin, quel beau métier !

1 **GROUPEZ DES MOTS DU TEXTE : "MANNEQUIN, QUEL BEAU MÉTIER !" AUTOUR DU MOT "PUB" (PUBLICITÉ).**

noms : . . . .

verbes : . . . .

adjectifs : . . . .

2 **COMPRENEZ-VOUS LES MOTS DU TEXTE ?**

Complétez avec des mots du texte "Mannequin, quel beau métier !".

Nicolas est photographe. Il travaille avec beaucoup de . . . . Il doit se lever . . . . car il a des . . . . d'un bout de la ville à . . . . Il met une . . . . décontractée, jean et sweater car la . . . . est longue. Il demande aux mannequins de . . . . et de . . . . devant son appareil . . . . Il va souvent . . . . avec elles. Lui ne fait pas attention à sa . . . . Quand la journée est finie, il est . . . . et il . . . . chez lui.

3 **VOUS ALLEZ INTERVIEWER UN MANNEQUIN.**

Préparez six questions.

. . . .

. . . .

. . . .

. . . .

. . . .

. . . .

MÉMOIRES D'ORDINATEUR

Comment marche l'enquête ?

1. Quelle identité prend Éric ?

. . . .

2. Pourquoi est-ce qu'il visite la société SM2 ?

. . . .

3. Quels sont les horaires des ingénieurs ?

. . . .

4. Pourquoi est-ce qu'ils prennent des précautions ?

. . . .

5. Pourquoi Éric est-il déjà au courant ?

. . . .

DOSSIER 7
DE QUOI AVEZ-VOUS BESOIN ?

Savez-vous manger ?

1 **GROUPEZ LES NOMS D'ALIMENTS SELON LE GENRE (MASCULIN OU FÉMININ)**

Exceptions :
le fromage
un légume
une bonne eau

masculin : *du bœuf*

féminin : *de la viande*

. . . .

. . . .

. . . .

2 **QU'EST-CE QUE C'EST ?**

article partitif (partie)
≠ article indéfini (une unité)

C'est du pain.

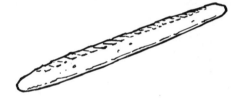

C'est un pain.

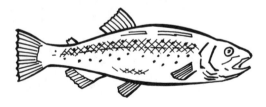

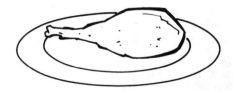

1. . . . .

2. . . . .

3. . . . .

4. . . . .

article défini :
sens général

3 QU'EST-CE QU'ILS AIMENT, QU'EST-CE QU'ILS N'AIMENT PAS ?

4 DE QUOI EST-CE QUE VOUS VOULEZ, VOUS NE VOULEZ PAS ?

Citez 5 aliments.

Je veux	Je ne veux pas
1.	....
2.	....
3.	....
4.	....
5.	....

article partitif :
du, de la, de l', des :
sens restrictif :
une partie,
une certaine quantité de...

5 **COMPLÉTEZ LE TEXTE AVEC DES ARTICLES.**

Coralie n'aime pas tout. Elle mange . . . . . poisson mais elle préfère . . . . . viande. Et elle n'aime pas toutes . . . . . viandes. Elle prend souvent . . . . . bœuf mais elle ne mange pas . . . . . mouton. Elle mange beaucoup . . . . . légumes. Elle sait que . . . . . lait est riche en vitamines et elle mange . . . . . fromage. Elle adore . . . . . desserts mais *le* sucre n'est pas très bon pour la santé !

6 **AVEC QUOI EST-CE QU'ON FAIT...**

article défini :
sens général

1. le pain ? . . . .

. . . .

2. le fromage ? . . . .

. . . .

3. les pâtes ? . . . .

. . . .

4. le yaourt ? . . . .

. . . .

5. les gâteaux ? . . . .

7 **ILS EN BOIVENT BEAUCOUP ?**

en = de + nom
en = quantité non précisée
en + quantité précisée

1. Est-ce que vous buvez du lait ?

. . . .

2. Combien est-ce que vous en buvez le matin ?

. . . .

3. Est-ce que vous buvez de l'eau ?

. . . .

par jour = en un jour,
chaque jour

4. Combien est-ce que vous en buvez par jour ?

. . . .

5. Est-ce que vos amis boivent du vin ? Combien est-ce qu'ils en boivent par jour ?

. . . .

6. Est-ce qu'on boit du thé dans votre famille ? Combien est-ce qu'on en boit ?

. . . .

7. Quand est-ce qu'on boit du café dans votre famille ?

. . . .

8. Combien est-ce que vous en buvez ? Une tasse ?

. . . .

8 QU'EST-CE QU'IL VOUS FAUT POUR FAIRE CE GÂTEAU ?

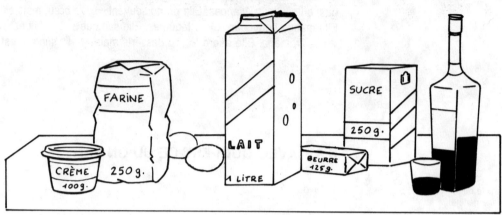

partitif : **en** + quantité

Il faut de la farine. Il en faut 250 grammes.

....

....

....

....

....

....

9 PROBLÈMES.

Consultez le tableau des calories de votre manuel.

Si vous mangez 100 g de viande, 100 g de pain et 200 g de pommes de terre, combien de calories prenez-vous ?
- J'en prends 640.

1. Et si vous mangez 100 g de légumes avec 100 g de poulet et 2 biscottes ?

....

2. Et si vous mangez 100 g de saumon, 2 biscottes et une salade ?

....

3. Et si vous mangez 2 œufs et 1 biscotte ?

....

10 QU'EST-CE QUE VOUS MANGEZ DANS VOTRE PAYS AUX REPAS ?

Précisez les quantités.

Expression
de la quantité

Au petit déjeuner, je bois .... J'en bois (quantité) .... je mange ....

....

....

....

....

Qu'est-ce qu'il faut emporter ?

1 QU'EST-CE QUE C'EST ?

Lisez la définition et trouvez le mot dans le dialogue.

1. L'eau ne peut pas traverser ce vêtement.

....

2. Ça se met sur un lit. Ça tient chaud.

....

3. Quand on n'a pas de lit, on peut coucher dedans.

....

4. Environ 10.

....

5. Prendre avec soi (pour le voyage).

....

6. Pas lourd.

....

7. Itinéraire, chemin à faire.

....

2 DEVINEZ-LES.

Si une dizaine veut dire plus ou moins dix (+ ou – 10), comment dit-on :

N'utilisez - **aine**
qu'avec 8, 10, 12, 15, 20,
30, 40, 50, 60 et 100

1. + ou –   8 ? : ....
2. + ou –   10 ? : ....
3. + ou –   15 ? : ....
4. + ou –   20 ? : ....
5. + ou –   30 ? : ....
6. + ou –   100 ? : ....

1) Je vais append le français
   dan L.A.F.
2) Je vais emporter quelques chose
   p' à mes parents.
3) Ils vont aller en voyage.
4) Nous allons nous retrouver
   à la maison.
5) Je vais finir beaucoup
   de travail dans cet an.

3 QU'EST-CE QUE VOUS ALLEZ FAIRE ?

Intention :
aller + infinitif

les amis et moi, nous

1. Vous / dans une heure :

....

2. Vous / ce soir :

....

3. Vos amis / jeudi prochain :

....

during

4. Vos amis / et vous / pendant le week-end :

....

5. Vous / dans un an :

....

ça

4 QU'EST-CE QUE C'EST QUE ÇA ?

Que remplace **ça** dans les expressions suivantes ? Aidez-vous du texte de la BD.

1. C'est bien français, ça !

....

....

2. Ça peut vous être utile.

....

....

3. Ça coupe les jambes.

....

....

4. Pensez à tout ça.

....

....

5 QU'EST-CE QU'ILS EXPRIMENT ?

Mettez une croix en face de la bonne réponse.

Actes de parole

1. Je vais au musée Picasso avec mon fils.
- Votre fils ? Il s'intéresse à la peinture maintenant ?

surprise   ordre   conseil

2. Si j'ai un problème, je peux vous en parler ?
- Bien sûr. N'hésitez pas à nous téléphoner.

possibilité   encouragement   recommandation

3. Quel temps fait-il en ce moment ?
- Il fait beau mais prenez un vêtement chaud, les nuits peuvent être fraîches.

interdiction   conseil   ordre

6 QU'EST-CE QUI PEUT ARRIVER PENDANT UNE EXCURSION ?

Imaginez (froid/chaud - pleuvoir/neiger - avoir faim/soif - se gâter - couper les jambes...)

Exprimer la possibilité avec **pouvoir**

1. ....

2. ....

3. ....

4. ....

5. ....

6. ....

7 **ILS NE SONT PAS D'ACCORD !**

La famille Durafour part en excursion pour la journée. Regardez le dessin et imaginez le dialogue.

....
....
....
....
....
....

8 **OBSERVEZ.**

Quelle est la première personne du pluriel du présent des verbes en **-ger** et des verbes en **-cer** ?

g + u / o / a / ≠
ge + u / o / a

1. manger : nous ....
2. changer : ....
3. nager : ....

4. placer : nous ....
5. tracer : ....
6. lancer : ....

Pourquoi ? ....
....

9 **IL FAUT FAIRE LES COURSES !**

A. Vous invitez des amis à dîner. Votre femme vous demande d'aller faire des courses. Vous lui demandez ce qu'il faut acheter et quelle quantité il faut de chaque chose. Vous faites d'autres suggestions...

B. Vous invitez six amis à dîner. Vous allez leur faire :
Entrée : quiche lorraine (farine, beurre, lait, œufs, crème, lard, gruyère, sel et poivre)
Plat principal : côte de bœuf
haricots verts
frites (pommes de terre, huile)
Fromages et salade
Dessert : tarte aux pommes (farine, lait, beurre, sucre, pommes)
Vous dites à votre mari ce que vous allez faire et ce qu'il faut acheter. Évaluez les quantités.

Êtes-vous un Français moyen à table ?

1 CHERCHEZ DES ÉQUIVALENTS DANS LE TEXTE.

1. Le premier plat d'un repas : ....

2. S'occuper de, penser sérieusement à : ....

3. Étude du régime alimentaire : ....

4. Aliment sucré de la fin du repas : ....

5. Personnel dirigeant dans une entreprise : ....

2 TRANSFORMEZ LE TEXTE.

Réécrivez le deuxième paragraphe en éliminant les questions qui ne sont pas de vraies questions.

Les Français ....

....

....

....

....

MÉMOIRES D'ORDINATEUR

Qu'est-ce que vous en pensez ?

Pourquoi Éric dit-il :

1. qu'il n'apprécie pas l'humour de Victor au-dessus de 500 F le repas ?

....

2. qu'il est désolé quand Sylvie dit qu'elle n'aime pas trop le poisson ?

....

3. ''Moi aussi'' ?

....

4. qu'il va en parler à Victor ?

....

Ici Radio Côte d'Azur.

1 **GROUPEZ DES MOTS DU TEXTE AUTOUR DE :**

1. la ville : . . . .

2. le cinéma : . . . .

2 **POSEZ DES QUESTIONS SUR LES MOTS SOULIGNÉS.**

Faites l'inversion sujet-verbe.

Inversion
D'où vient-il ?
Où va-t-il ?

Pronom de reprise :
Où travaille-t-il ?

1. Olivier Lambert vous parle du Palais des Festivals.

. . . .

2. Les gens attendent leur vedette préférée devant le Palais.

. . . .

3. La voiture avance lentement.

. . . .

4. À 11 heures, il va répondre aux journalistes.

. . . .

5. Le comité du Festival organise un déjeuner pour lui.

. . . .

6. Nous allons pouvoir lui parler.

. . . .

3 **QU'EST-CE QUI SE PASSE ?**

1. Qu'est-ce qui se passe à Roland Garros ?

. . . .

2. Qui est-ce qu'elles attendent ?

. . . .

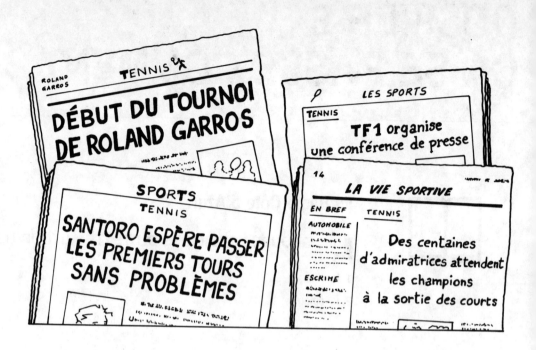

qu'est-ce que ... ?
qu'est-ce qui ... ?

3. Qu'est-ce qu'on organise ?

....

4. Qui est-ce qui organise une conférence de presse ?

....

5. Qu'est-ce que Santoro espère ?

....

4 POSEZ DES QUESTIONS SUR LES MOTS SOULIGNÉS.

2 questions à se poser :

1. s'agit-il d'une personne **(qui)**
ou d'une chose **(que)** ?
2. **Sujet** (qui) ou **OD** (que) ?

1. Les journalistes attendent.

Qui est-ce qui attend.

....

2. On peut voir des centaines de personnes.

Qui est-ce qu'on peut voir.

....

3. Une grande vedette arrive.

Qui est-ce qui arrive.

....

4. Le président du festival va le recevoir.

Qui est-ce qui va le recevoir.

....

5. On organise un grand déjeuner pour lui.

Qu'est-ce qu'on organise pour lu

....

6. La voiture s'arrête.

Qu'est-ce qui s'arrête.

....

7. Il signe des autographes.

Qu'est-ce qu'il signe.

....

Prépositions de temps

5 FAITES LES DIALOGUES.

Utilisez **dans, pendant, depuis.**

1. Un apprenti journaliste

. . . .

. . . .

. . . .

2. Interview exclusive de l'ours, la vedette du film de J.-J. Annaud

. . . .

. . . .

. . . .

DANS

PENDANT

DEPUIS

6 QUESTIONS PERSONNELLES.

1. Depuis combien de temps suivez-vous des cours de français ?

. . . .

2. Pendant combien de temps allez-vous apprendre le français ?

. . . .

3. Dans combien de temps espérez-vous parler français ?

. . . .

4. Depuis combien de temps faites-vous systématiquement tous les exercices ?

. . . .

5. Pendant combien de temps lisez-vous du français chaque jour ?

. . . .

6. Dans combien de temps allez-vous lire des journaux français ?

. . . .

7 **UN JOURNALISTE INTERVIEWE UN SPECTATEUR AU SUJET DE GÉRARD DEPARDIEU.**

combien de temps ?

Complétez le dialogue. Trouvez les questions.

1. . . . .

- Je l'attends depuis une heure.

2. . . . .

- Il va arriver dans quelques minutes.

3. . . . .

- Je le connais et je l'aime comme acteur, depuis ses débuts au cinéma.

4. . . . .

- Je ne sais pas. Un jour ou deux peut-être.

5. . . . .

- Je ne peux pas. Je n'ai pas de billet.

6. . . . .

- Oui, je viens tous les ans. J'adore le cinéma.

8 **COMPLÉTEZ AVEC ''CONNAÎTRE'' OU ''SAVOIR''.**

- Vous . . . . ce qu'on joue ce soir ? *Savez*

- Je . . . . que c'est un film avec Bernard Langrain. *sais*

- Langrain ? Je ne le . . . . pas. *connais*

- Comment ! Vous ne . . . . pas qui est Langrain ! *savez*

- Non, je ne . . . . pas le nom de tous les acteurs. *connais / sais*

9 **DEMANDEZ-LE AUTREMENT.**

Où le Festival a-t-il lieu ?
Vous savez où le Festival a lieu ?

connaître + nom OD
savoir + infinitif que / si / où...

1. Combien de temps dure-t-il ?

. . . .

2. Quelles vedettes vont venir ?

. . . *Vous savez quelles* . . . . - - - . . . .

3. Le titre du dernier film de Godard ?

. . . *Vous connaissez le titre* . . . . . . ?

4. Qui est-ce qui va faire le reportage pour Radio Côte d'azur ?

Vous savez qui va faire le reportage .... ?

5. Quel est le metteur en scène du "Grand Bleu" ?

Vous savez quel est .... ?

6. Quand Depardieu va-t-il arriver ?

Vous savez quand D ..... va arriver ?

7. Est-ce qu'il va signer des autographes ?

Vous savez s'il va signer des autographes ?

PRIX LOUIS DELLUC 1987

SOIGNE TA DROITE
DE JEAN-LUC GODARD

LE GRAND BLEU

On fait la course ?

1 **QU'EST-CE QU'ILS SONT EN TRAIN DE FAIRE ?**

1. . . . .

. . . .

. . . .

. . . .

. . . .

2. . . . .

. . . .

. . . .

. . . .

. . . .

2 COMMENT TROUVEZ-VOUS LE SENS DES MOTS NOUVEAUX DANS UN TEXTE ?

Indices pour l'inférence

Regardez la bande dessinée, p. 111 de votre manuel.

	ressemble à un mot de ma langue	grâce au dessin	grâce à la situation	formation du mot
ferme		X	X	
réparer un pneu				
se fâcher				
avoir soif				
chaleur				
porte-bagages				
ça grimpe !				

3 COMBIEN DE TEMPS EST-CE QU'ILS VONT METTRE POUR Y ALLER ?

Le pronom **y**

1. Pour aller de Cahors à Gourdon à vélo ?

Ils vont y aller . . . .

2. Pour aller de Gourdon à Souillac en voiture ?

. . . .

3. Pour aller de Souillac à Sarlat à pied ?

. . . .

4 QUAND VONT-ILS Y ARRIVER : LE MATIN, À MIDI, LE SOIR, DANS 8 JOURS... ?

Utilisez **y** dans vos réponses.

Paris 12 h - New York 14 h 30

1. En Concorde, ils vont arriver à . . . . dans . . . .

Paris 12 h - New York 19 h 30

2. En Boeing 707, ...

Paris 8 h - Marseille 15 h

3. En train corail, ...

Paris 8 h - Marseille 13 h

4. En TGV, ...

5 QUESTIONS PERSONNELLES.

Utilisez **y** dans la réponse.

1. Quand allez-vous au cours de français ?

...... *J'y vais le samedi après midi* ......

2. Est-ce que vous allez en Espagne pour vos vacances ?

...... *Non, je n'y vais pas* ...... *Oui, j'y vais* ......

3. Est-ce que vous voulez aller à Cahors ?

...... *Oui, je veux y aller* ...... *Non, je ne veux pas y aller.*

4. Est-ce que vous allez souvent au cinéma ?

...... *Non, je n'y vais pas souvent* ...... *Oui, j'y vais souvent*

5. Est-ce que vous retournez tous les ans au même endroit pour vos vacances ?

...... *Non, je n'y retourne pas tous les ans* ......

6 JEU DE RÔLE.

Vous passez devant une affiche de cinéma et vous y voyez le nom d'un(e) ancien(ne) ami(e). Vous lui téléphonez pour le / la féliciter, lui demander depuis combien de temps il / elle fait du cinéma, avec qui il / elle va jouer, quels acteurs il / elle connaît ......

....

....

....

Autour d'un film.

1 TÊTE D'AFFICHE.

Batman, de Tim Burton : milliardaire à la vie facile le jour, justicier masqué la nuit, l'homme chauve-souris affronte son ennemi intime, le joker, un clown sanguinaire qui terrorise Gotham City. D'après la BD de Bob Kane. Avec Jack Nicholson, Michael Keaton, Kim Basinger, Jack Palence.

L'Ours, de Jean-Jacques Annaud : les mésaventures d'un petit ours brun orphelin et d'un vieux grizzli solitaire, poursuivis par des chasseurs dans les montagnes de la Colombie britannique. D'après Jamie Oliver Curwood. Avec Tcheky Karyo, Jack Wallace, André Lacombe et les ours La Douce, Bart...

Frantic, de Roman Polanski : un Américain recherche sa femme mystérieusement disparue dès leur arrivée à Paris. Avec Harrison Ford, Betty Buckley, Emmanuelle Seigner.

Vacances Romaines, de William Wyler : l'aventure amoureuse d'une princesse royale, en visite offi-cielle à Rome, et d'un journaliste américain à travers la ville éternelle. Avec Audrey Hepburn et Gre-gory Peck.

1. Lisez ces résumés de films et dites à quel genre ils appartiennent : aventure, fantastique, comédie, western, policier, historique ...

....

2. Quel(s) film(s) aimeriez-vous voir ?
   Dites vos raisons (le genre, le metteur en scène, les acteurs, le sujet ...).

....

2 LISEZ L'HISTOIRE DU FILM ''LE DERNIER MÉTRO''.

Résumez-la pour un programme de spectacles. Éliminez tout ce qui n'est pas essentiel.

Le dernier métro est un film de François Truffaut de 1980, avec Catherine Deneuve, Gérard Depardieu et Jean Poiret.

L'histoire, une chronique historique, se passe à Paris en 1942 sous l'occupation allemande. Marion Steiner, une comédienne, a pris la direction du théâtre Montmartre après le départ en Amérique de son mari, Lucas Steiner, un juif allemand. Elle monte une nouvelle pièce aidée de Jean-Loup Cottins, un ami des Steiner. Elle habite à l'hôtel mais elle revient en secret la nuit au théâtre. En effet, son mari est toujours à Paris, caché dans la cave du théâtre. Il n'a pas pu partir. Marion engage un jeune comédien, Bernard Granger. Elle tombe amoureuse de lui. De sa cave, Lucas Steiner suit les répétitions de la pièce et indique le soir à sa femme tous les changements à faire. Il devine que sa femme est amoureuse de Bernard. Un critique de théâtre antisémite, Daxiat, découvre que Lucas Steiner n'a pa quitté la France. Il fait une violente critique de la pièce et envoie deux agents de la Gestapo inspecter les caves.

Prévenu par sa femme, Lucas, aidé de Bernard, a juste le temps de se cacher. Bernard quitte le théâtre pour partir dans la résistance.

Deux ans plus tard, Paris est libéré. Lucas Steiner sort de sa cave.

On assiste à la représentation d'une nouvelle pièce avec Marion et Bernard.

C'est Lucas le metteur en scène ...

....

....

....

....

MÉMOIRES D'ORDINATEUR

Répondez aux questions, puis écrivez un résumé de l'épisode.

1. Qu'est-ce qui arrive au nouveau logiciel ?

....

2. Quel message apparaît sur l'écran de l'ordinateur ?

....

3. Qu'exige l'auteur du message ? Quelle est sa menace ?

....

4. À quoi pense Éric ?

....

5. Quelle est la nature du projet de sous-marin ?

....

DOSSIER 9
QU'AVEZ-VOUS FAIT ?

La première dame de la haute couture.

1 **TROUVEZ LES PARTICIPES PASSÉS DES VERBES SUIVANTS :**

Participes passés :
verbes en - **er** : **é**
- **ir** : en général **i**

1. créer : . . . .   4. pouvoir : . . . .

2. vendre : . . . .   5. prendre : . . . .

3. partir : . . . .   6. avoir : . . . .

2 **QU'A-T-ELLE FAIT ?**

Racontez l'histoire.

(aller)   (voir, aimer)

Passé composé :
auxiliaires **être** et **avoir**

. . . .

. . . .

. . . .

. . . .

(partir)   (aller, louer, rendre)   (ressortir, rentrer)

. . . .

. . . .

. . . .

3 LA JOURNÉE D'UN HOMME D'AFFAIRES.

Monsieur Loriot est un homme très occupé. Regardez son emploi du temps et dites tout ce qu'il a fait mardi...

8 h	: petit déjeuner d'affaires à la Coupole avec M. Maréchal
9 h 50	: départ gare de Lyon pour Moulins
11 h 30 - 12 h 30	: visite de l'usine de chaussures
12 h 30 - 14 h	: déjeuner-réunion avec le PDG
14 h 35	: retour Paris
17 h - 18 h 15	: réunion avec le chef du personnel
18 h 30 - 19 h 30	: tennis
20 h 30	: dîner avec Nicole chez les Lagarde.

(handwritten annotations:) Président Directeur Général — pris le petit déjeuner — Il est parti à la gare pour M — Il fait une — Il a pris le déjeuner-réunion — Il est retourné à Paris — Il a eu la réunion de 17h à — Il a joué au tennis — Il a pris le dîner — Il a dîné — ou il a fait du tennis.

4 COMPLÉTEZ AVEC LES ADJECTIFS ENTRE PARENTHÈSES.

Adjectifs

Cette année, la mode (nouveau) .... apporte peu de changements. Les jupes sont toujours plutôt (court) .... et (étroit) ...., les formes (droit) .... et les tissus des robes (léger) .... et (transparent) .... On remarque quelques pantalons (court) ...., de lignes (simple) .... et (jeune) .... Ils font des silhouettes (curieux) .... Il y en a peu dans les collections de la (haut) .... couture.

(handwritten:) Il y a — Il y en a — des silhouettes

5 COMPLÉTEZ CE TEXTE AVEC DES VERBES AU PASSÉ COMPOSÉ.

Passé composé

Christian Dior (naître) *est né* . . . . . en 1905. Il (faire) *a fait* . . . . ses études à l'École des Sciences Politiques et il (devenir) *est devenu* diplomate. Sa famille (perdre) *a perdu* . . . sa fortune en 1930. Il (commencer) *a commencé* à dessiner des chapeaux et il (pouvoir) *a pu* . . . vendre des dessins de mode. Puis il (travailler) *a travaillé* . . . comme modéliste. En 1946, il (ouvrir) *a ouvert* . . sa maison de couture avenue Montaigne. Sa première collection, en 1947, (être) *a été* . . . un triomphe. Son "New Look" (créer) *a créé* . . . une révolution dans la mode. La même année, il (lancer) *a lancé* son célèbre parfum "Miss Dior". Mais sa carrière (ne pas durer) *n'a pas duré* longtemps. Il (mourir) *est mort* en 1957. Il (pouvoir) *a pu* . . . choisir son successeur, Yves Saint-Laurent.

6 ÊTRE OU AVOIR ?

**avec l'auxiliaire être :
accord sujet-participe passé**

Donnez les formes de la 3e personne du pluriel du passé composé avec le sujet "elles".

1. venir : . . . . 4. réussir : . . . .

2. voir : . . . . 5. revenir : . . . .

3. sortir : . . . . 6. rester : . . . .

7 PARLEZ DE VOUS.

**Attention à l'accord
sujet-participe passé
avec l'auxiliaire être**

1. Quand êtes-vous (venu)e dans la ville où vous êtes ?

. . . .

2. Où êtes-vous allé(e) à l'école ?

. . . .

3. Êtes-vous déjà monté(e) en avion ? Quand ?

. . . .

4. Avez-vous fait un grand voyage ? Quand ? Comment ?

. . . .

5. Où avez-vous passé votre enfance ?

. . . .

6. Combien de temps êtes-vous resté(e) dans la ville où vous êtes ?

. . . .

7. Quel livre avez-vous lu le mois dernier ?

. . . .

8. Quel film avez-vous vu ?

. . . .

8 QU'EST-CE QUE VOUS AVEZ FAIT TARD DANS VOTRE VIE ?

Je n'ai commencé à parler qu'à 18 mois.

Pensez à : apprendre à marcher, aller à l'école, apprendre à lire, à écrire, avoir des ami(e)s, voyager, apprendre des langues . . .

. . . .

. . . .

. . . .

. . . .

. . . .

**9 QUELS SONT LES GRANDS ÉVÉNEMENTS DE VOTRE VIE
ET DE LA VIE DE VOS PARENTS OU AMIS ?**

Mettez la date ou le lieu de ces événements en valeur.

C'est en 19. . que mes parents se sont mariés.

. . . .

. . . .

. . . .

. . . .

. . . .

**10 VOUS VOULEZ ÉCRIRE LA BIOGRAPHIE D'UN AMI FRANCOPHONE
OU D'UN PERSONNAGE CÉLÈBRE.**

Préparez les questions à lui poser.

. . . .

. . . .

. . . .

. . . .

11 COMPLÉTEZ CETTE GRILLE AVEC LES ADJECTIFS CONTRAIRES.

Vous trouverez le nom d'un jeune couturier célèbre.

1. court .... *long*

2. vraie .... ~~nouveau~~ ~~fra~~ *fausse*

3. froid .... *chaud*

4. large .... ~~petite~~ *étroit* 窄

5. ancien .... ~~mondaine~~ *nouveau* *moderne*

6. sophistiqué ...... *simple*

7. inconnu .... *fameuse*

質

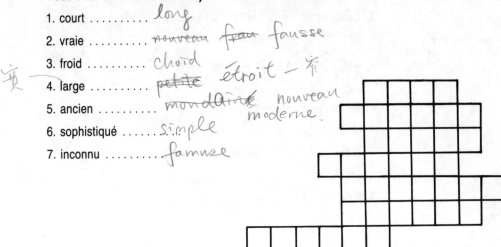

Il n'a pas voulu venir !

1 COMMENT AVEZ-VOUS COMPRIS CES MOTS ?

Indices pour l'inférence

	ressemble à un mot de ma langue	grâce au dessin	grâce à la situation	formation du mot
sur les genoux				
le circuit				
ça a marché				
servir (le café)				
épouvantable (temps)				
plat				

Faites une phrase avec chacun de ces mots.

2 COMPLÉTEZ LES PHRASES .

Verbes

1. Nous sommes .... très bons amis.

2. Elle est .... de vélo.

3. Ils sont .... une heure plus tard.

4. Elles sont .... nous voir.

5. Vous êtes .... là-bas huit jours.

6. Ils sont .... vers 8 h.

3 QU'EST-CE QUI S'EST PASSÉ ?

Répondez selon les indications de la BD.

1. Combien de temps les Delcour sont-ils restés loin de chez eux ?

Passé composé avec **être**

....

2. Quel jour de la semaine sont-ils revenus ?

....

3. Où Émilie est-elle allée ?

....

4. Est-ce que tous les randonneurs sont venus chez les Delcour ? Qui n'est pas là ?

....

5. Pourquoi Charlotte est-elle restée chez elle ?

....

4 TROUVEZ DANS LE DIALOGUE DE L'ÉPISODE 9 DE LA BD UNE FAÇON DE :

Actes de parole

1. s'excuser

....

2. demander des nouvelles de la santé de quelqu'un

....

3. exprimer sa satisfaction

....

4. refuser poliment

....

5. exprimer une intention passée

....

5 AU TÉLÉPHONE.

Désolé ! Ils ne sont pas là !

Jouez la scène suivante plusieurs fois avec un(e) autre étudiant(e).

Changez de rôle et changez chaque fois la raison de l'absence. Pensez à : aller chez le dentiste, à la poste, rentrer chez soi, partir en voyage, faire des courses ...

- Allô. Bonjour, mademoiselle. M. Charon est là ?

- Je suis désolée. M. Charon est parti.

- À quelle heure est-ce qu'il va revenir ?

- À deux heures. Il est parti déjeuner.

- Très bien. Je vous rappelle à deux heures.

6 QU'EST-CE QUI LUI EST ARRIVÉ ?

A. Vous avez déjà téléphoné deux ou trois fois à un(e) ami(e). Vous donnez un dernier coup de téléphone. Votre ami(e) répond enfin. Vous lui demandez ce qu'il / elle a fait, où il / elle est allé(e), quand il / elle est parti(e), rentré(e)... Puis vous prenez rendez-vous. Vous fixez un lieu et une date et vous parlez de ce que vous allez faire.

B. Vous êtes parti(e) quelques jours chez des amis / en vacances / chez vos parents... Vous n'avez rien dit à vos amis. Vous rentrez chez vous. Un(e) ami(e) téléphone. Vous lui racontez votre voyage. Vous êtes revenu(e) / en forme / fatigué(e). Vous prenez rendez-vous. Vous parlez de ce que vous allez faire...

Une vie exemplaire.

1 ASSOCIEZ CES MOTS.

1. un écran
2. l'exploration
3. un officier
4. une carrière
5. les profondeurs
6. le commandement
7. une série

a. des mers
b. de marine
c. d'aventures
d. du bateau
e. de marin
f. de télévision
g. sous-marine

2 TROUVEZ L'ADJECTIF CORRESPONDANT :

Formation des mots

1. la marine : . . . .
2. l'énergie : . . . .
3. le nombre : . . . .
4. la profondeur : . . . .

5. l'autonomie : . . . .
6. la jeunesse : . . . .
7. le silence : . . . .
8. l'exemple : . . . .

3 TROUVEZ LES EXPRESSIONS DE TEMPS DANS LE TEXTE -
en 1957 - en 1968 - depuis longtemps...

1. . . . .
2. . . . .
3. . . . .
4. . . . .

5. . . . .
6. . . . .
7. . . . .
8. . . . .

4 ÉCRIVEZ LA BIOGRAPHIE RÉSUMÉE D'UN PERSONNAGE CONNU EN UNE CINQUANTAINE DE MOTS.

....

....

....

....

....

....

MÉMOIRES D'ORDINATEUR

Qu'est-ce qu'on a appris ?

1. Sur Victor ?

....

2. Sur ''le fou'' ?

....

3. Sur la façon de déconnecter les circuits ?

....

4. Sur la nature du projet ?

....

5. Sur Michel Laforêt ?

....

6. Sur une complicité possible dans la société ?

....

DOSSIER 10
LAQUELLE PRÉFÉREZ-VOUS ?

Au salon de l'auto.

 1 **EST-CE QUE VOUS LES AIMEZ AUSSI ?**
EXPRIMEZ VOTRE ACCORD OU VOTRE DÉSACCORD.

moi aussi   pas moi
moi non plus   moi si

adjectifs **devant** le nom

1. J'aime les vieux monuments.

....

2. Ma femme n'aime pas les petites voitures.

....

3. Ils n'aiment pas les grands hôtels.

....

4. Il préfère les grosses motos.

....

5. J'aime les jolies villes.

....

6. Elles aiment les belles robes.

....

7. Je n'aime pas les vieilles rues dans les villes.

....

8. Ils aiment les bons hôtels.

....

2 **PLACEZ LES ADJECTIFS ET FAITES L'ACCORD.**

Appartement beau / confortable : un bel appartement confortable.

beau, bel
devant une voyelle

adjectifs **devant** le nom

1. robe	beau / long	....
2. jupe	joli / droit	....
3. femme	grand / roux	....
4. restaurant	bon / pas cher	....
5. maisons	vieux / pittoresques	....
6. voitures	gros / confortable	....
7. avion	nouveau / supersonique	....
8. histoire	long / intéressant	....

Le comparatif

plus que
moins que
aussi que

3 COMPAREZ-LES.

Consultez le tableau de la page 135 de votre manuel et comparez la Citroën BX à ses concurrentes.

1. puissance : ....

....

2. vitesse : ....

....

3. longueur : ....

....

4. consommation : ....

....

5. prix : ....

....

4 TROUVEZ UN AVANTAGE ET UN INCONVÉNIENT.

Comparatif

La Citroën BX a une tenue de route excellente. Malheureusement, elle est moins économique que ses concurrentes.

1. La Fiat 1600 - prix / tenue de route.

....

....

2. La Ford Escort - confort / vitesse.

....

....

3. La Peugeot 205 - qualités / espace.

....

....

4. La Citroën BX - confort / consommation.

....

....

5 PRÉSENTEZ LA FIAT 1600.

Pensez à sa qualité, à son confort, à sa longueur, à sa consommation, à sa ligne et à sa beauté, à sa vitesse, à sa sécurité, à son prix.

....

....

....

....

....

6 **TROUVEZ LA QUESTION.**

Utilisez **préférer, acheter, mettre, aimer.**

Robe : Laquelle choisis-tu ? - Celle-là, parce qu'elle est plus belle.

cette robe-là

1. Appartement : .... *Le quel préférez-vous* ....

Celui-là, parce qu'il est plus grand.

2. Chaussures : .... *Lesquelles achetez-vous* ....

Celles-là, parce qu'elles sont moins chères.

3. Voiture : .... *Laquelle préférez-vous* ....

Celle-là, parce qu'elle est plus économique.

4. Meubles : .... *Lesquel mettez-vous* ....

Ceux-là, parce qu'ils sont plus modernes.

5. Vêtements : .... *Lesquels achetez-vous* ....
mettez

Ceux-là, parce qu'ils sont plus chauds.

暖空

Pronoms démonstratifs

celui-ci / là
celle-ci / là
ceux-ci / là
celles-ci / là

7 **COMPAREZ LES HÔTELS SUIVANTS DEUX À DEUX.**

	nombre de chambres	confort	prix à la journée	restaurant	distance du centre
Touriste	50	+	300 F	+ +	500 m
des Voyageurs	32	+ +	400 F	+	1 km
Central	40	+ + +	500 F	+ + +	au centre

Comparatifs des adjectifs

plus que
moins que
aussi que

L'hôtel Touriste ....

....

....

L'hôtel des Voyageurs ....

....

....

L'hôtel Central ....

....

....

8 QUE PRÉFÉREZ-VOUS ? DONNEZ CHAQUE FOIS LA RAISON DE VOTRE PRÉFÉRENCE.

Je préfère les chaussures à talons hauts parce que c'est plus élégant.

Cause

hôtels : ....

....

restaurants : ....

....

moyens de transport : ....

....

vêtements : ....

....

lignes aériennes : ....

....

On y va ?

1 QUELS INDICES VOUS ONT PERMIS DE COMPRENDRE LES MOTS SUIVANTS ?

Indices pour l'inférence :
1. transparence
2. dessin
3. contexte
4. situation
5. formation du mot

construire : contexte - situation - transparence (pour hispanophones)

1. bouger : ....

2. commencer : ....

3. inconvénients : ....

4. C'est l'angoisse ! : ....

5. majeure : ....

6. chômage : ....

2 DONNEZ LE CONTRAIRE.

pas assez ≠ trop
pas beaucoup ≠ beaucoup

Comparaison de quantités :
plus de + nom
moins de + nom
autant de + nom

Il y a trop d'infirmières. Non, il n'y en a pas assez !

Il n'y a pas beaucoup d'avantages. Si, il y en a beaucoup.

1. Il y a plus de 4 ans de travaux.

....

2. Il y a beaucoup d'avantages.

....

3. Il n'y a pas assez d'ingénieurs.

....

4. Il n'y a pas autant de problèmes.

....

5. Il y a moins de temps libre.

. . . .

6. Il n'y a pas plus d'argent à gagner.

. . . .

3 QUELLE EST LA RÈGLE ?

Vous avez déjà vu : des rideaux, des bureaux et maintenant des hôpitaux, des journaux. Donnez le pluriel des mots suivants :

pluriels en - **x**

1. un bateau : . . . .

2. un local : . . . .

3. un chapeau : . . . .

4. une eau : . . . .

5. un cheval : . . . .

6. un manteau : . . . .

4 QU'EST-CE QUI VIENT DE SE PASSER ?

Passé récent :
venir de + infinitif

Entreprise / contrat : L'entreprise vient de signer un gros contrat.

1. Directeur / proposition de postes

. . . .

2. Ingénieurs / avantages

. . . .

3. Christian / explications à sa femme

. . . .

4. Émilie / refus

. . . .

5. Émilie / raisons du refus

. . . .

5 QUELS SONT LES AVANTAGES ET LES INCONVÉNIENTS :

1. De la vie à l'hôtel et de la vie en appartement.

. . . .

. . . .

2. Des vacances en été et des vacances en hiver.

. . . .

. . . .

3. Des voyages en avion et des voyages en bateau.

. . . .

Prononciation
des voyelles moyennes

6 COMMENT PRONONCEZ-VOUS LES VOYELLES FINALES DE CES MOTS ?

Ouvertes (O) ou fermées (F) ?

poste (O)   passer (F)

1. ingénieur ....

2. chapeau ....

3. gros ....

4. sort ....

5. contraire ....

6. peu ....

7. été ....

8. problème ....

7 QUE VA-T-IL FAIRE ?

A. Vous venez de recevoir la lettre suivante :

M. Raoul Crespin
15, rue des Boulangers
75011 - Paris

Azur Matin
87, rue de France
06000 - Nice

Monsieur,

À la suite de notre récente entrevue, nous avons le plaisir de vous proposer un poste de journaliste à la rédaction d'Azur-Matin à partir du 1er avril.

Les responsabilités de ce poste sont principalement d'ordre économique et social.

Le salaire de début est de 8 500 F par mois et vos frais professionnels sont à la charge du journal.

Les possibilités de promotion sont réelles et peuvent être rapides.

De plus, Nice est une ville agréable.

J'espère que notre proposition peut vous intéresser et je compte sur une réponse rapide de votre part.

Veuillez agréer, Monsieur, l'expression de mes sentiments les meilleurs.

P. Vigouroux
Directeur du personnel

Vous n'en avez encore parlé à personne. Votre amie vous téléphone .....

B. Vous savez que votre ami(e) cherche un poste de journaliste dans un journal important. Vous lui téléphonez. Il vient de recevoir une réponse. Vous lui posez des questions (quoi, où, quand, pour combien de temps, avantages ...)
Sa décision peut avoir des conséquences importantes pour vous.

Terminaison des mots féminins :
- cons. + **e**
- **ie**
- **ion**
- **té**

masculins
- **son de voyelle**
- **c, - f, - l, - r,**

Séjour en Martinique.

1 **ÉCRIVEZ CES MOTS PRÉCÉDÉS D'UN ARTICLE.**

1. . . . . . catégorie
2. . . . . . jardin
3. . . . . . prix
4. . . . . . plage
5. . . . . . casino
6. . . . . . bain

7. . . . . . matelas
8. . . . . . court de tennis
9. . . . . . départ
10. . . . . . réservation
11. . . . . . proximité
12. . . . . . panorama

⚠ le sable - la mer - la radio - la plongée.

2 **VOUS ÊTES À L'HÔTEL CARAÏBE.**

Votre chambre donne sur la piscine, le restaurant, le parc et la mer. Décrivez ce que vous voyez de la fenêtre.

. . . .

. . . .

. . . .

. . . .

. . . .

MÉMOIRES D'ORDINATEUR

1 Complétez ce résumé de l'épisode avec des mots du texte.

"Le fou" précise ses conditions. La . . . . doit aller à une organisation écologique dans un . . . . de quinze jours.
Éric a pris . . . . avec Michel Laforêt.
Éric insiste pour en savoir plus sur le . . . . Gérard, lui, doit garder le . . . .
Il s'agit en fait de faire de la recherche . . . . , de sonder le fond des mers et de . . . .
du pétrole. Les risques . . . . sont grands.

2 Devinez.

1 À quelle organisation faut-il verser la rançon ?

. . . .

2 Pourquoi Éric veut-il parler à Michel Laforêt ?

. . . .

3 Pourquoi Gérard est-il plus pressé qu'Éric de découvrir l'auteur du chantage ?

. . . .

4 Pourquoi Éric veut-il tout savoir ?

. . . .

DOSSIER 11
IL FAUT QUE ÇA CHANGE !

Souhaits.

 1 DONNEZ LA PREMIÈRE PERSONNE DU SINGULIER ET DU PLURIEL DES VERBES SUIVANTS.

Subjonctif
1 ou 2 radicaux

1re/3e pers. sg : **- e**
2e pers. sg : **- es**
3e pers. pl. : **- ent**
1re pers. pl. : **- ions**
2e pers. pl. : **- iez**

Comprendre : que je comprenne, que nous comprenions.

1. mettre : ....

2. boire : ....

3. partir : ....

4. finir : ....

5. aller : ....

6. être : ....

2 QUE SOUHAITEZ-VOUS À VOS AMIS ?

souhaiter + que
+ subj.

Attention aux formes irrégulières :
sois, aie, puisse, aille ...

1. être heureux

....

2. avoir de l'argent

....

3. vivre longtemps

....

4. pouvoir voyager

....

5. faire un travail intéressant

....

6. ne pas être malade

....

7. bien s'entendre avec les autres

....

8. aller en vacances

....

3 EXPRIMEZ VOTRE DOUTE.

croire que + indic.
ne pas croire que
+ subj.

Je crois qu'on peut apprendre une langue en six mois. - Moi, je ne crois pas qu'on puisse apprendre une langue en six mois.

1. Je crois que les hommes sont meilleurs qu'avant.

....

2. Je pense qu'il y a du travail pour tout le monde.

....

3. Je trouve que les gens sont plus tolérants.

....

4. Je pense que le monde fait beaucoup de progrès.

....

5. Je crois que tous les peuples peuvent s'entendre.

....

6. Je trouve que les gens gagnent bien leur vie.

....

4 QU'EST-CE QU'ILS VEULENT ?

2 sujets : **vouloir que** + subj.
1 seul sujet : **vouloir** + infinitif

Je veux que tu ailles en ville. - Mais, moi, je ne veux pas y aller !

1. Elle veut qu'il parle.

....

2. Nous voulons que tu acceptes la proposition.

....

3. Vous voulez que je fasse tout !

....

4. Ils veulent que je travaille.

....

5. Vous voulez qu'on sorte.

....

5 QUE FAUT-IL QUE VOUS FASSIEZ ?

Utilisez il faut, il est nécessaire, il est important que . . .

il faut que
il est nécessaire que
il est important que
+ subj.

Pensez à : organiser son travail, avoir de bons rapports avec les autres, gagner assez d'argent, s'occuper de sa famille, se tenir au courant de l'actualité, avoir une vie sociale, se perfectionner dans sa spécialité, apprendre des langues . . .

....

....

....

....

....

6 J'EN DOUTE !

douter que
ne pas penser que
+ subj.

Vous parlez à un(e) de vos amis. Vous doutez qu'**il / elle** puisse faire tout ce qu'**il / elle** dit.

Je vais faire cent kilomètres à vélo en une seule journée.
Je doute que tu fasses cent kilomètres à vélo en une journée.

1. Je vais faire le tour du monde.

....

2. Je vais apprendre le japonais en six mois.

....

3. Nous allons faire le tour d'Europe à pied.

....

4. Nous allons gagner beaucoup d'argent.

....

l'intention

7 DANS QUEL BUT ?

But :
pour que + subj.

1. Il faut créer de meilleures conditions de vie pour que (plus heureux) ....

....

2. Il est important que les gens se connaissent mieux pour que (plus grande tolérance) ....

....

3. Il est nécessaire de contrôler la pollution pour que (destruction des forêts) ....

....

4. Il faut que les peuples s'entendent pour que (fin des guerres) ....

....

5. Il faut que les gens apprennent des langues étrangères pour que (meilleure compréhension)

....

6. Il est important de protéger les animaux pour que (disparition des espèces) ....

....

8 FORMULEZ DES SOUHAITS À PROPOS DE :

Souhaiter + subj.

1. la paix dans le monde

....

2. l'amélioration des conditions de vie

....

3. les progrès de la médecine

....

4. l'égalité entre les hommes

....

5. le monde futur

....

Il faut que tu réfléchisses !

Actes de parole :
ce qu'on exprime

1   QU'EXPRIME LA PERSONNE QUI RÉPOND ?

Vous pouvez choisir plus d'une solution.

- Qu'est-ce qu'on fait, on sort ou on reste ici ?

- Ça m'est égal !

☐ indifférence   ☐ satisfaction   ☐ irritation

- J'ai envie de prendre un thé avec des gâteaux. Et toi, qu'est-ce que tu prends ?

- Moi, je ne veux rien !

☐ excuse   ☐ justification   ☐ refus

- Tes parents ne veulent pas que tu sortes le soir. Essaye de les écouter.

- Et pourquoi ? Je suis majeure, non ?

☐ demande d'information   ☐ irritation   ☐ justification

- Tu ne veux pas qu'on parte en vacances ensemble, c'est ça ?

- Ne dis pas de bêtises.

☐ ordre   ☐ modération   ☐ excuse

2   TROUVEZ LES VERBES CORRESPONDANT À CES NOMS.

Formation des mots

Mettez un article devant le nom.

l' entente : *s'entendre*

1. *la* complication : .... *compliquer* ....

2. ... excuse : ....

3. ... compréhension : ....

4. ... achat : ....

5. ... apprentissage : ....

6. ... réflexion : ....

7. ... changement : ....

8. ... départ : ....

3   TROUVEZ DES JUSTIFICATIONS.

Subjonctif

Mes parents veulent que je parte avec eux. Moi, je veux rester ici ! - Il faut que tu les comprennes. Ils sont inquiets pour toi.

1. Ils veulent que j'aille à l'université. Moi, je veux travailler !

....

....

2. Ils veulent que je fasse des études. Moi, je veux me marier.

. . . .

. . . .

3. Ils ont peur que je ne puisse pas me débrouiller. Moi, je sais que je peux.

. . . .

. . . .

4. Ils veulent que je parte en vacances avec eux. Moi, je veux partir avec des copains.

. . . .

. . . .

4 **DITES CE QUE LES PARENTS VEULENT QUE LEUR FILS FASSE ET DITES CE QUE LUI VEUT FAIRE.**

2 sujets :
subord. au subj.

1 seul sujet :
2e proposition
verbe à l'infinitif

. . . .

. . . .

. . . .

. . . .

. . . .

. . . .

. . . .

5 ÉCRIVEZ TROIS CHOSES QUE VOUS VOULEZ OU AVEZ ENVIE DE FAIRE.

....

....

....

6 ÉCRIVEZ TROIS CHOSES QUE VOUS VOULEZ OU AVEZ ENVIE QU'UN AUTRE FASSE.

....

....

....

7 TROUVEZ DES EXCUSES.

On va au cinéma ? - Pas aujourd'hui. Il faut que je sois chez moi dans une heure.

Justification

1. Tu viens me voir ?

....

2. On se retrouve à 5 heures ?

....

3. On va au théâtre ce soir ?

....

4. On part en week-end ?

....

5. On prend quelques jours de vacances ?

....

8 TROUVEZ DES RAISONS POUR PROPOSER UNE SORTIE.

J'ai envie de me changer les idées. On va au cinéma ?

Justification/raisons

1. ....

2. ....

3. ....

9 DE QUOI AVEZ-VOUS PEUR ?

Du chômage ? De la guerre ? De la pollution ? De la vieillesse ? De la maladie ? De la solitude ?...

avoir peur + subjonctif

J'ai peur que ....

....

J'ai peur de ....

....

Pour que la terre ne meure pas !

1 QUE VEULENT FAIRE LES AUTEURS DU MANIFESTE ?

Actes de parole dans texte écrit

Vous pouvez choisir plusieurs réponses.

- amuser • attirer l'attention • accepter • informer • protester • donner des raisons
- illustrer • justifier • refuser

2 QUELS MOTS EXPRIMENT LES LIENS LOGIQUES ?

relation
cause-effet

Dans quels paragraphes ?

1. Le but : ....

2. La conséquence : ....

3 INVENTEZ LA CONSÉQUENCE.

Conséquence :
c'est pourquoi,
donc

Je ne peux plus vivre au rythme de la grande ville. C'est pourquoi ....

....

1. Les routes sont devenues trop dangereuses. ....

....

2. Tout le monde part en vacances en juillet et en août. ....

....

3. Il y a de plus en plus d'accidents d'avion. ....

....

4. Il faut maintenant parler plusieurs langues étrangères. ....

....

4 ÉCRIVEZ UN MANIFESTE SUR LE THÈME :
POUR QUE LA ROUTE NE TUE PAS !

Stratégie de persuasion

1ere partie : La route tue.

- statistiques d'accidents

- nombre de morts en augmentation

- risques graves pour les accidentés

- dépenses de santé très lourdes pour tous

....

....

....

....

2e partie : Pour que les routes soient moins dangereuses.

. . . .

. . . .

. . . .

. . . .

3e partie : Il est urgent d'agir !

. . . .

. . . .

. . . .

. . . .

MÉMOIRES D'ORDINATEUR

1 Choisissez entre ces deux résumés de l'épisode et dites pourquoi.

A. Michel Laforêt fait un discours très applaudi à une réunion d'écologistes. Éric peut ensuite lui parler. Michel Laforêt dit être contre toute forme de terrorisme, c'est pourquoi il combat les virus dans l'informatique. Est-ce qu'il essaie de se justifier ?

B. Éric rencontre Michel Laforêt. Laforêt n'a pas l'air d'un fou, et pourtant...

2 Écrivez votre propre résumé.

. . . .

. . . .

. . . .

. . . .

DOSSIER 12
ÇA SE PASSAIT QUAND ?

C'était le printemps !

1 **COMPLÉTEZ AVEC DES MOTS DU TEXTE.**

1. Il est déjà six heures. Nous sommes en retard. . . . . -toi !

2. Son ami était déjà loin. Il lui a . . . . au revoir.

3. La surprise était grande. Elle en a eu . . . .

4. Toutes les portes étaient bloquées. Il n'y avait pas d'. . . . .

5. La nuit nous . . . . de voir ce qui se passait.

6. Après 68, on a recouvert les . . . . des rues du Quartier Latin pour qu'on ne puisse plus les arracher.

7. En mai 68, les étudiants ont construit de nombreuses . . . . pour empêcher les CRS de passer.

2 **METTEZ ENSEMBLE LES DEUX PARTIES DE L'EXPRESSION.**

1. avoir le souffle   a. d'espoir

2. faire   b. une issue

3. laisser   c. peur

4. plein   d. demi-tour

5. prendre   e. coupé

3 **TROUVEZ LES MOTS DU TEXTE CORRESPONDANT À CES DÉFINITIONS.**

1. grand nombre de gens réunis : . . . .

2. directives, ordres : . . . .

3. enlever, extraire avec effort : . . . .

4. bataille, lutte, échange de coups : . . . .

5. partir pour échapper à un danger : . . . .

6. protester de façon visible en participant à une réunion dans la rue : . . . .

4 **QUELS SONT L'INFINITIF ET LA PREMIÈRE PERSONNE DU PLURIEL DU PRÉSENT DE CES VERBES ?**

radical de l'imparfait

exception : **être (ét-)**

1. Vous étiez : . . . .

2. Il faisait : . . . .

3. Ils nous empêchaient : . . . .

4. Nous sentions : ....

5. Il s'arrêtait : ....

6. J'avais : ....

7. Nous voulions : ....

8. Je manifestais : ....

5   TROUVEZ L'IMPARFAIT DES VERBES SUIVANTS :

radical de l'imparfait =
1ere pers. du pluriel du prés.

1. finir : ....   6. pouvoir : ....

2. ouvrir : ....   7. aller : ....

3. comprendre : ....   8. devoir : ....

4. voir : ....   9. construire : ....

5. dire : ....   10. changer : ....

6   TROUVEZ LES EXPRESSIONS DE TEMPS DANS LE RÉCIT.

....

....

....

7   QUEL MOT VOUS VIENT À L'ESPRIT ?

Ouvrir ... *la porte*

1. Il faisait un temps ....

2. Ils sont restés une heure à ....

3. Ils étaient pleins d' ....

4. Elle s'est prise pour ....

5. On les empêchait de ....

6. Ils ont construit ....

7. Elle ne voulait pas se retrouver ....

8   DONNEZ LA CIRCONSTANCE ET L'ÉVÉNEMENT.

Circonstances :
imparfait

Événements :
passé composé

6 heures / arrivée de Loïc : Il était 6 heures quand Loïc est arrivé.

1. être à la Porte d'Orléans / commencement des événements

....

2. faire beau / départ du cortège

....

3. présence de CRS / arrivée du cortège

....

4. bien se passer / se diriger vers le boulevard Saint-Michel

....

5. issues bloquées / arrivée rue Soufflot

. . . .

6. construction de la barricade / fuite de Caroline

. . . .

9 VOUS RACONTEZ.

Décrivez les circonstances et le décor avant de présenter un événement inattendu.

Et, soudain, un coup de feu . . . .

. . . .

. . . .

Et, tout à coup, un requin . . . .

. . . .

. . . .

La roue a tourné.

1 QUELS INDICES VOUS ONT PERMIS DE COMPRENDRE LES MOTS SUIVANTS ?

Indices pour l'inférence :
1 transparence
2 dessin
3 contexte
4 situation
5 formation du mot

1. se coiffer : . . . .
5. triste : . . . .

2. en retard : . . . .
6. pleurer : . . . .

3. consoler : . . . .
7. se réveiller : . . . .

4. bizarre : . . . .
8. une bonne copine : . . . .

D12

Verbes pronominaux
au passé composé :
**accord sujet-participe
si pronom OD
pas d'accord si pronom OI**

2 **COMPLÉTEZ.**

Émilie et Thierry se sont vus (voir quelqu'un : OD) **mais**

Émilie et Thierry se sont téléphoné (téléphoner à quelqu'un : OI)

1. Elles se sont habillé ...... (habiller qq'un)

2. Ils se sont consolé ...... (consoler qq'un)

3. Ils se sont donné ...... rendez-vous (donner R.V. à qq'un)

4. Elle s'est mis ...... à pleurer.

5. Elle s'est couché ...... tard.

6. Ils se sont réveillé ...... à 9 heures.

3 **COMMENT ÉTAIENT-ILS ? QUE VOULAIENT-ILS ?**

Imparfait :
circonstances (états d'esprit)

Complétez.

1. Thierry .... déçu.

2. Il .... qu'Émilie le retrouve à la Coupole.

3. Elle .... envie de le voir.

4. Il .... triste.

5. La mère d'Émilie .... peur qu'elle soit triste.

6. Thierry pense qu'Émilie .... gentille.

7. Pour lui, Émilie n' .... qu'une bonne copine.

4 **COMMENT MARYSE ET CHARLOTTE ENCOURAGENT-ELLES ÉMILIE ET THIERRY À CONTINUER LEUR RÉCIT ?**

Stratégies de conversation :
relances

Donnez un exemple de chaque type de relance.

1. Question directe pour demander un complément d'information.

....

2. Marque de doute ou d'étonnement.

....

3. Objection.

....

4. Reproche.

....

5 **COMMENT ÇA S'EST PASSÉ ?**

Deux de vos amis se sont séparés. Dans une lettre à un(e) ami(e) commun(e), vous donnez les raisons (au passé) de leur séparation.

....

....

....

....

....

94

6   IMAGINEZ UNE SUITE À L'HISTOIRE D'ÉMILIE ET DE THIERRY.

. . . .

. . . .

. . . .

. . . .

. . . .

7   RACONTEZ !

A. Vous aviez un(e) ami(e) depuis . . . . . .
    Vous vous entendiez bien. Vous aviez beaucoup de points communs . . . . . .
    Puis vous avez rencontré quelqu'un . . . . . .
    Vous avez quitté votre ami(e) . . . . . .
    Une camarade vous téléphone et vous demande comment va votre ami(e). Vous ne voulez pas vraiment raconter l'histoire mais votre correspondant vous pose des questions, montre son intérêt, veut tout savoir . . . . . .

B. Vous connaissez bien A et son ami(e). Vous pensez que tout ne va pas bien entre eux.
Vous trouvez un prétexte pour téléphoner à A. Vous lui demandez des nouvelles de son ami(e).
Vous lui posez des questions, vous lui montrez votre intérêt pour son histoire . . . . jusqu'à ce qu'il / elle vous raconte tout.

La construction de l'Europe.

1   CLASSEZ LES EXPRESSIONS DE TEMPS DU TEXTE EN :

1. expressions indiquant un point précis du passé :

. . . .

. . . .

2. expressions indiquant une durée :

. . . .

. . . .

2   TROUVEZ LE NOM OU LE VERBE CORRESPONDANT.

Formation des mots

Mettez un article devant les noms.

1. Situer : . . . .

2. . . . . : . . . . reconstruction

3. . . . . : . . . . union

4. influencer : . . . .

5. . . . . : . . . . signature

6. coopérer : . . . .

7. lier : . . . .

8. élire : . . . .

3 | QUELLES SONT LES CAUSES . . .

De la situation de l'Europe en 1945 ? -L'Europe venait juste de sortir d'une guerre de six ans.

1. de la création de l'OCDE ?

....

2. de la création de la CECA ?

....

3. de l'institution de la CEE ?

....

4. du veto de la France à l'entrée de la Grande-Bretagne dans le Marché commun en 1963 ?

....

5. de l'entrée de l'Espagne et du Portugal dans le Marché commun en 1986 ?

....

MÉMOIRES D'ORDINATEUR

1 | Qu'est-ce que vous en pensez ?

1. Pourquoi Michel Laforêt a-t-il été arrêté ?

....

2. Pourquoi a-t-il été remis en liberté ?

....

3. Pourquoi Victor dit-il : "Je suis toujours là" ?

....

4. Pourquoi Éric a-t-il abandonné l'enquête ?

....

5. Pourquoi Victor a-t-il voulu travailler sans aide humaine ?

....

6. Croyez-vous qu'Éric est, lui aussi, tombé dans le piège de Victor ?
Qu'est-ce qui peut vous faire croire le contraire ?

2 | Distinguons !

Citez 5 événements passés et 5 circonstances dans ce récit.

....

....

....

....

....

3 | Résumez l'histoire complète.

Imprimé en Italie par Rotolito Lombarda
Dépot légal n° 1390.06.1994
Collection n° 26 - Edition 06
15/4774/4